Fundamentos de Redes Neuronales 2

Jesús G. Castillo

Reinventors Republic.

Introducción

En un mundo donde los datos son el nuevo oro y la inteligencia artificial (IA) está revolucionando industrias enteras, el conocimiento de las redes neuronales se ha convertido en una habilidad esencial para cualquier profesional en tecnología. Este libro, "Fundamentos de Redes Neuronales 2", está diseñado para ayudarte a sumergirte en el fascinante campo de las redes neuronales, proporcionando una guía práctica y accesible para principiantes.

¿Qué son las Redes Neuronales?

Las redes neuronales son modelos computacionales inspirados en la estructura y funcionamiento del cerebro humano. Estas redes son capaces de aprender a partir de datos, identificar patrones complejos y realizar tareas como clasificación, regresión y reconocimiento de patrones con un nivel de precisión impresionante. Desde la recomendación de productos en plataformas de comercio electrónico hasta la detección de enfermedades en imágenes médicas, las aplicaciones de las redes neuronales son vastas y variadas.

Este libro está estructurado en torno a ejercicios prácticos que te guiarán desde los conceptos básicos hasta aplicaciones más complejas de las redes neuronales. Cada capítulo presenta ejercicios resueltos y ampliamente explicados, permitiéndote no solo aprender la teoría detrás de cada concepto, sino también aplicarla de manera práctica.

Fundamentos Teóricos: Comprenderás los principios básicos de las redes neuronales, incluyendo su arquitectura, los algoritmos de entrenamiento y las funciones de activación.

Implementación Práctica: A través de ejercicios resueltos, aprenderás a implementar redes neuronales utilizando bibliotecas populares como TensorFlow y Keras.

Aplicaciones Reales: Exploraremos aplicaciones prácticas de las redes neuronales en diversos campos como la visión por computadora, el procesamiento del lenguaje natural y la predicción de series temporales.

Optimización y Evaluación: Descubrirás técnicas para optimizar y evaluar el rendimiento de tus modelos, asegurando que puedan generalizar bien a nuevos datos.

Este libro está dirigido a estudiantes, profesionales y entusiastas de la IA que tienen un conocimiento básico de programación y matemáticas. No es necesario tener experiencia previa en redes neuronales, ya que cada concepto se introduce de manera gradual y se refuerza con ejemplos prácticos.

Nuestro Enfoque

Hemos adoptado un enfoque basado en ejercicios porque creemos que la mejor manera de aprender es haciendo. Cada capítulo te desafiará con problemas prácticos que te ayudarán a consolidar tu comprensión y a desarrollar tus habilidades en la implementación de redes neuronales.

Estamos emocionados de acompañarte en este viaje de aprendizaje. Al final de este libro, no solo tendrás una comprensión sólida de los fundamentos de las redes neuronales, sino que también estarás equipado con las habilidades necesarias para aplicar este conocimiento a problemas reales. Prepárate para descubrir el poder de las redes neuronales y cómo pueden transformar datos en decisiones inteligentes.

Índice

Introducción 2
   ¿Qué son las Redes Neuronales? 2
   Nuestro Enfoque 3
   Índice 5
Ejercicio 1. Convertir imágenes 2D en un vector 1D. 8
Ejercicio 2. Conjunto de Datos de iris en Sklearn. 12
Ejercicio 3. Estudio de cáncer de mama Sklearn 19
Ejercicio 4. Dígitos escritos a mano. 23
Ejercicio 5. Clasificación de Conjunto de datos MNIST. 26
Ejercicio 6. Imágenes Artículos de Ropa. 28
Ejercicio 7. Clasificación Binaria. 30
Ejercicio 8. Clasificación Binaria. 32
Ejercicio 9. Clasificación Multicategoría. 35
Ejercicio 10. Datos cargados y preprocesados. 38
Ejercicio 11. Clasificación Binaria. 40
Ejercicio 12. Clasificación binaria de cáncer de mama. 43
Ejercicio 13. Clasificación multicategoría. 48
Ejercicio 14. Problema de regresión, precio de viviendas. 53
Ejercicio 15. Clasificación Binaria, cáncer de mama. 57
Ejercicio 16. Aproximación de una función. 61
Ejercicio 17. Predicción de propiedades moleculares. 66
Ejercicio 18. Aproximación de una función matemática. 72
Ejercicio 19. Clasificación de Objetos astronómicos. 77

Ejercicio 20. Predicción de series temporales financieras. 83

Ejercicio 21. Clasificación de textos históricos. 90

Ejercicio 22. Predicción una variable numérica. 96

Ejercicio 23. Predicción de la Calidad de piezas automotrices. 103

Ejercicio 24. Clasificación de sentimientos. 109

Ejercicio 25. Clasificación de imágenes médicas. 116

Ejercicio 26. Clasificación de vehículos militares. 122

Ejercicio 27. Predicción de fallas en circuitos electrónicos. 129

Ejercicio 28. Pronóstico del Clima 134

Ejercicio 29. Pronóstico de Ventas. 144

Ejercicio 30. Clasificación de textos. 152

Ejercicio 31. Diagnóstico Médico, cáncer de mama 157

Ejercicio 32. Segmentación de imágenes 164

Ejercicio 33. Reconocimiento de dígitos manuscritos (MNIST). 170

Ejercicio 34 . Reconocimiento de Dígitos Manuscritos con MNIST usando CNN 176

Ejercicio 35. Reconocimiento de Dígitos Manuscritos con CNN y Regularización 181

Ejercicio 36. Dígitos manuscritos de datos MNIST. 186

Ejercicio 37. Dígitos manuscritos con Augmentation. 194

Reconocimiento de Dígitos Manuscritos con CNN y Data Augmentation 194

Ejercicio 38. Dígitos manuscritos con transfer learning. 203

Ejercicio 39. Dígitos manuscritos con transfer learning. 211

Ejercicio 40. Dígitos manuscritos con early stopping. 219

Ejercicio 41. Dígitos manuscritos con transfer learning. 229

Ejercicio 42: Reconocimiento de Dígitos Manuscritos con CNN, Data Augmentation, Batch Normalization y RMSprop 237

Ejercicio 43: Reconocimiento de Dígitos Manuscritos con CNN y Optimización de Hiperparámetros usando Keras Tuner 246

Ejercicio 44. Dígitos manuscritos con DNN. 258

Ejercicio 45: Clasificación de Imágenes con Transfer Learning usando ResNet50 y CIFAR-10 266

Ejercicio 46: Clasificación de Imágenes con Transfer Learning usando MobileNetV2 y CIFAR-10 275

Ejercicio 47: Clasificación de Imágenes con Transfer Learning usando InceptionV3 y CIFAR-10 281

Ejercicio 48: Clasificación de Imágenes con Transfer Learning usando EfficientNetB0 y CIFAR-10 288

Ejercicio 1. Convertir imágenes 2D en un vector 1D.

Paso 1: Instalación de dependencias

Primero, asegúrate de tener instaladas las bibliotecas necesarias. Puedes instalarlas usando pip:

```
pip install tensorflow keras numpy matplotlib
```

Paso 2: Importar las bibliotecas necesarias

```
import tensorflow as tf
from tensorflow import keras
import numpy as np
import matplotlib.pyplot as plt
```

Paso 3: Cargar y preprocesar el conjunto de datos MNIST

```
# Cargar el conjunto de datos MNIST
mnist = keras.datasets.mnist
(x_train, y_train), (x_test, y_test) = mnist.load_data()

# Normalizar los datos (escala de 0 a 1)
x_train = x_train / 255.0
x_test = x_test / 255.0
```

Paso 4: Construir el modelo de la red neuronal

```
# Definir el modelo
```

```python
model = keras.Sequential([
    keras.layers.Flatten(input_shape=(28, 28)),  # Convertir imágenes 2D en un vector 1D
    keras.layers.Dense(128, activation='relu'),  # Capa oculta con 128 neuronas y función de activación ReLU
    keras.layers.Dense(10, activation='softmax')  # Capa de salida con 10 neuronas (para 10 clases) y función de activación softmax
])
```

Paso 5: Compilar el modelo

```python
model.compile(optimizer='adam',
              loss='sparse_categorical_crossentropy',
              metrics=['accuracy'])
```

Paso 6: Entrenar el modelo

```python
model.fit(x_train, y_train, epochs=5)
```

Paso 7: Evaluar el modelo

```python
test_loss, test_acc = model.evaluate(x_test, y_test, verbose=2)
print(f'\nPrecisión en el conjunto de prueba: {test_acc}')
```

Paso 8: Hacer predicciones

```python
predictions = model.predict(x_test)

# Mostrar la primera predicción
print(np.argmax(predictions[0]))  # Imprimir la clase predicha para la primera imagen de prueba
```

```
# Visualizar la primera imagen de prueba


plt.imshow(x_test[0], cmap=plt.cm.binary)
plt.show()
```

Resultado:

```
Epoch 1/5
1875/1875 ───────────────────────── 2s 672us/step -
accuracy: 0.8781 - loss: 0.4310
Epoch 2/5
1875/1875 ───────────────────────── 2s 826us/step -
accuracy: 0.9626 - loss: 0.1225
Epoch 3/5
1875/1875 ───────────────────────── 6s 3ms/step -
accuracy: 0.9752 - loss: 0.0805
Epoch 4/5
1875/1875 ───────────────────────── 1s 638us/step -
accuracy: 0.9834 - loss: 0.0567
Epoch 5/5
1875/1875 ───────────────────────── 1s 636us/step -
accuracy: 0.9871 - loss: 0.0436
313/313 - 0s - 576us/step - accuracy: 0.9765 - loss: 0.0776

Precisión en el conjunto de prueba: 0.9764999747276306
313/313 ───────────────────────── 0s 458us/step
7
```

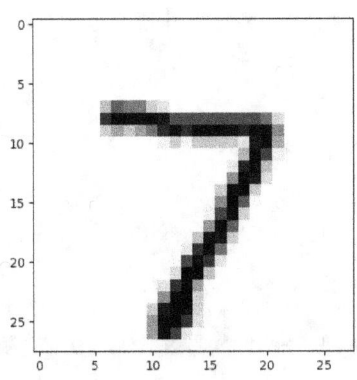

Explicación del código

1. **Importación de bibliotecas**: Importamos TensorFlow, Keras, NumPy y Matplotlib.
2. **Carga y preprocesamiento de datos**: Cargamos el conjunto de datos MNIST y normalizamos las imágenes dividiendo por 255.
3. **Definición del modelo**: Creamos un modelo secuencial con una capa de entrada que aplana las imágenes 2D a 1D, una capa oculta densa con 128 neuronas y ReLU, y una capa de salida con 10 neuronas y softmax.
4. **Compilación del modelo**: Compilamos el modelo con el optimizador Adam, la función de pérdida de entropía cruzada categórica y la métrica de precisión.
5. **Entrenamiento del modelo**: Entrenamos el modelo con los datos de entrenamiento durante 5 épocas.
6. **Evaluación del modelo**: Evaluamos el modelo con los datos de prueba y mostramos la precisión.
7. **Predicción y visualización**: Hacemos predicciones sobre los datos de prueba y mostramos la primera predicción y la imagen correspondiente.

Este ejercicio te proporciona una introducción práctica a las redes neuronales utilizando Keras y TensorFlow.

Ejercicio 2. Conjunto de Datos de iris en Sklearn.

Aquí tienes otro ejercicio básico de redes neuronales, pero esta vez trabajaremos con un conjunto de datos diferente: el conjunto de datos de iris de la biblioteca sklearn. Este conjunto de datos es ampliamente utilizado para problemas de clasificación.

Paso 1: Instalación de dependencias

Si aún no tienes las bibliotecas necesarias, instálalas usando pip:

```
pip install tensorflow keras numpy matplotlib scikit-learn
```

Paso 2: Importar las bibliotecas necesarias

```
import tensorflow as tf
from tensorflow import keras
from sklearn.datasets import load_iris
from sklearn.model_selection import train_test_split
from sklearn.preprocessing import StandardScaler
import numpy as np
import matplotlib.pyplot as plt
```

Paso 3: Cargar y preprocesar el conjunto de datos Iris

```
# Cargar el conjunto de datos Iris
iris = load_iris()
```

```
x = iris.data
y = iris.target


# Dividir el conjunto de datos en entrenamiento y prueba
x_train, x_test, y_train, y_test = train_test_split(x, y,
test_size=0.2, random_state=42)

# Estandarizar las características (opcional pero
recomendado)
scaler = StandardScaler()
x_train = scaler.fit_transform(x_train)
x_test = scaler.transform(x_test)
```

Paso 4: Construir el modelo de la red neuronal

```
# Definir el modelo
model = keras.Sequential([
    keras.layers.Dense(10, activation='relu',
input_shape=(4,)),  # Capa oculta con 10 neuronas y
función de activación ReLU
    keras.layers.Dense(10, activation='relu'),  # Otra
capa oculta con 10 neuronas y ReLU
    keras.layers.Dense(3, activation='softmax')  # Capa de
salida con 3 neuronas (para 3 clases) y función de
activación softmax
])
```

Paso 5: Compilar el modelo

```
model.compile(optimizer='adam',
              loss='sparse_categorical_crossentropy',
              metrics=['accuracy'])
```

Paso 6: Entrenar el modelo

```
history = model.fit(x_train, y_train, epochs=50, validation_split=0.2)
```

Paso 7: Evaluar el modelo

```
test_loss, test_acc = model.evaluate(x_test, y_test, verbose=2)
print(f'\nPrecisión en el conjunto de prueba: {test_acc}')
```

Paso 8: Hacer predicciones y visualizar los resultados

```
# Hacer predicciones
predictions = model.predict(x_test)

# Mostrar la primera predicción
print(np.argmax(predictions[0]))  # Imprimir la clase predicha para la primera instancia de prueba

# Mostrar la clase real de la primera instancia de prueba
print(y_test[0])

# Graficar la precisión y la pérdida durante el entrenamiento
plt.figure(figsize=(12, 4))

plt.subplot(1, 2, 1)
```

```python
plt.plot(history.history['accuracy'], label='Precisión de entrenamiento')
plt.plot(history.history['val_accuracy'], label='Precisión de validación')
plt.legend()
plt.title('Precisión')

plt.subplot(1, 2, 2)
plt.plot(history.history['loss'], label='Pérdida de entrenamiento')
plt.plot(history.history['val_loss'], label='Pérdida de validación')
plt.legend()
plt.title('Pérdida')

plt.show()
```

Resultado:

```
Epoch 40/50
3/3 ──────────────────── 0s 10ms/step - accuracy: 0.8203 - loss: 0.6123 - val_accuracy: 0.9583 - val_loss: 0.6915
Epoch 41/50
3/3 ──────────────────── 0s 10ms/step - accuracy: 0.8516 - loss: 0.5880 - val_accuracy: 0.9583 - val_loss: 0.6846
Epoch 42/50
3/3 ──────────────────── 0s 10ms/step - accuracy: 0.8398 - loss: 0.5596 - val_accuracy: 0.9583 - val_loss: 0.6776
Epoch 43/50
3/3 ──────────────────── 0s 10ms/step - accuracy: 0.8372 - loss: 0.5512 - val_accuracy: 0.9583 - val_loss: 0.6710
Epoch 44/50
3/3 ──────────────────── 0s 10ms/step - accuracy: 0.8581 - loss: 0.5588 - val_accuracy: 0.9583 - val_loss: 0.6643
Epoch 45/50
3/3 ──────────────────── 0s 10ms/step - accuracy: 0.8307 - loss: 0.5772 - val_accuracy: 0.9583 - val_loss: 0.6578
Epoch 46/50
3/3 ──────────────────── 0s 10ms/step - accuracy: 0.7865 - loss: 0.5866 - val_accuracy: 0.9583 - val_loss: 0.6514
Epoch 47/50
```

```
3/3 ──────────────────────────── 0s 9ms/step - accuracy: 0.8424 - loss:
0.5454 - val_accuracy: 0.9583 - val_loss: 0.6450
Epoch 48/50
3/3 ──────────────────────────── 0s 10ms/step - accuracy: 0.8255 -
loss: 0.5306 - val_accuracy: 0.9167 - val_loss: 0.6385
Epoch 49/50
3/3 ──────────────────────────── 0s 10ms/step - accuracy: 0.8307 -
loss: 0.5576 - val_accuracy: 0.9167 - val_loss: 0.6322
Epoch 50/50
3/3 ──────────────────────────── 0s 10ms/step - accuracy: 0.8424 -
loss: 0.5500 - val_accuracy: 0.9167 - val_loss: 0.6258
1/1 - 0s - 14ms/step - accuracy: 0.9000 - loss: 0.5358
```

Precisión en el conjunto de prueba: 0.8999999761581421
```
1/1 ──────────────────────────── 0s 30ms/step
```

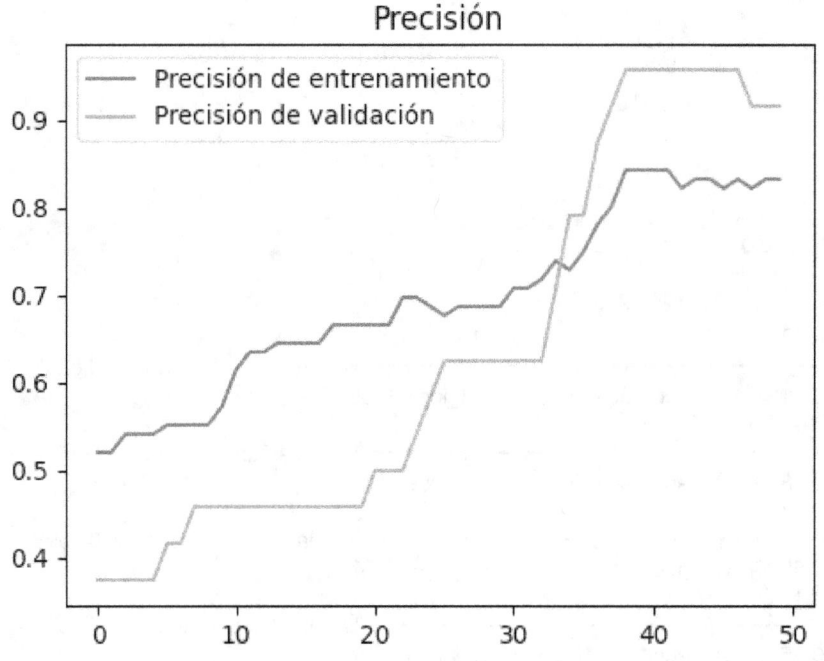

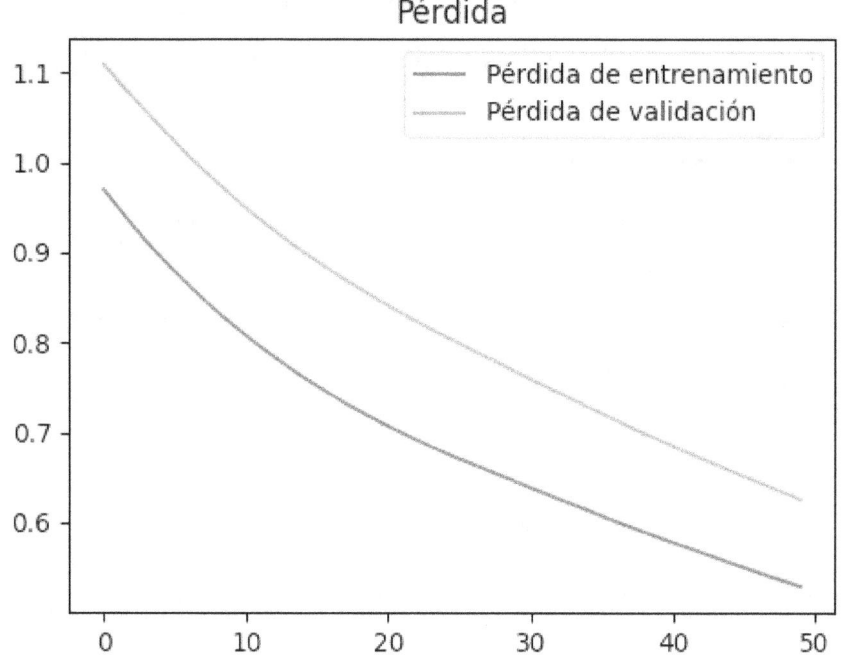

Explicación del código

1. **Importación de bibliotecas**: Importamos TensorFlow, Keras, sklearn, NumPy y Matplotlib.
2. **Carga y preprocesamiento de datos**: Cargamos el conjunto de datos Iris, lo dividimos en conjuntos de entrenamiento y prueba, y estandarizamos las características.
3. **Definición del modelo**: Creamos un modelo secuencial con dos capas ocultas densas (10 neuronas cada una) y una capa de salida con 3 neuronas (una para cada clase).

4. **Compilación del modelo**: Compilamos el modelo con el optimizador Adam, la función de pérdida de entropía cruzada categórica y la métrica de precisión.
5. **Entrenamiento del modelo**: Entrenamos el modelo con los datos de entrenamiento durante 50 épocas, utilizando un 20% de los datos para validación.
6. **Evaluación del modelo**: Evaluamos el modelo con los datos de prueba y mostramos la precisión.
7. **Predicción y visualización**: Hacemos predicciones sobre los datos de prueba y mostramos la primera predicción junto con la clase real. También graficamos la precisión y la pérdida durante el entrenamiento.

Ejercicio 3. Estudio de cáncer de mama Sklearn

Aquí tienes otro ejercicio, esta vez utilizando el conjunto de datos de cáncer de mama de la biblioteca sklearn. Este conjunto de datos es ampliamente utilizado para problemas de clasificación binaria.

Paso 1: Instalación de dependencias

Si aún no tienes las bibliotecas necesarias, instálalas usando pip:

```
pip install tensorflow keras numpy matplotlib scikit-learn
```

Paso 2: Importar las bibliotecas necesarias

```
import tensorflow as tf
from tensorflow import keras
from sklearn.datasets import load_breast_cancer
from sklearn.model_selection import train_test_split
from sklearn.preprocessing import StandardScaler
import numpy as np
import matplotlib.pyplot as plt
```

Paso 3: Cargar y preprocesar el conjunto de datos de cáncer de mama

```
# Cargar el conjunto de datos de cáncer de mama
cancer = load_breast_cancer()
x = cancer.data
y = cancer.target


# Dividir el conjunto de datos en entrenamiento y prueba
```

```
x_train, x_test, y_train, y_test = train_test_split(x, y,
test_size=0.2, random_state=42)

# Estandarizar las características
scaler = StandardScaler()
x_train = scaler.fit_transform(x_train)
x_test = scaler.transform(x_test)
```

Paso 4: Construir el modelo de la red neuronal

```
# Definir el modelo
model = keras.Sequential([
    keras.layers.Dense(30, activation='relu',
input_shape=(x_train.shape[1],)),  # Capa oculta con 30
neuronas y función de activación ReLU
    keras.layers.Dense(15, activation='relu'),  # Capa
oculta con 15 neuronas y ReLU
    keras.layers.Dense(1, activation='sigmoid')  # Capa de
salida con 1 neurona (para clasificación binaria) y
función de activación sigmoid
])
```

Paso 5: Compilar el modelo

```
model.compile(optimizer='adam',
              loss='binary_crossentropy',
              metrics=['accuracy'])
```

Paso 6: Entrenar el modelo

```
history = model.fit(x_train, y_train, epochs=50,
validation_split=0.2)
```
Paso 7: Evaluar el modelo

```
test_loss, test_acc = model.evaluate(x_test, y_test, 
verbose=2)
print(f'\nPrecisión en el conjunto de prueba: {test_acc}')
```

Paso 8: Hacer predicciones y visualizar los resultados

```
# Hacer predicciones
predictions = model.predict(x_test)

# Mostrar la primera predicción (redondeada)
print(np.round(predictions[0]))  # Imprimir la clase
predicha (0 o 1) para la primera instancia de prueba

# Mostrar la clase real de la primera instancia de prueba
print(y_test[0])

# Graficar la precisión y la pérdida durante el
entrenamiento
plt.figure(figsize=(12, 4))

plt.subplot(1, 2, 1)
plt.plot(history.history['accuracy'], label='Precisión de
entrenamiento')
plt.plot(history.history['val_accuracy'], label='Precisión
de validación')
plt.legend()
plt.title('Precisión')

plt.subplot(1, 2, 2)
plt.plot(history.history['loss'], label='Pérdida de
entrenamiento')
plt.plot(history.history['val_loss'], label='Pérdida de
validación')
plt.legend()
```

```
plt.title('Pérdida')

plt.show()
```

Explicación del código

1. **Importación de bibliotecas**: Importamos TensorFlow, Keras, sklearn, NumPy y Matplotlib.
2. **Carga y preprocesamiento de datos**: Cargamos el conjunto de datos de cáncer de mama, lo dividimos en conjuntos de entrenamiento y prueba, y estandarizamos las características.
3. **Definición del modelo**: Creamos un modelo secuencial con dos capas ocultas densas (30 y 15 neuronas, respectivamente) y una capa de salida con 1 neurona (para clasificación binaria).
4. **Compilación del modelo**: Compilamos el modelo con el optimizador Adam, la función de pérdida de entropía cruzada binaria y la métrica de precisión.
5. **Entrenamiento del modelo**: Entrenamos el modelo con los datos de entrenamiento durante 50 épocas, utilizando un 20% de los datos para validación.
6. **Evaluación del modelo**: Evaluamos el modelo con los datos de prueba y mostramos la precisión.
7. **Predicción y visualización**: Hacemos predicciones sobre los datos de prueba y mostramos la primera predicción junto con la clase real. También graficamos la precisión y la pérdida durante el entrenamiento.

Este ejercicio te proporciona una introducción práctica a las redes neuronales aplicadas a problemas de clasificación binaria utilizando el conjunto de datos de cáncer de mama.

Ejercicio 4. Dígitos escritos a mano.

Este es un ejercicio de redes neuronales muy básico utilizando TensorFlow y Keras en menos de 10 líneas de código. Este ejemplo usa el conjunto de datos MNIST, que contiene imágenes de dígitos escritos a mano.

Solución:

```
import tensorflow as tf
from tensorflow.keras.datasets import mnist

# Cargar y preparar los datos
(x_train, y_train), (x_test, y_test) = mnist.load_data()
x_train, x_test = x_train / 255.0, x_test / 255.0

# Definir el modelo
model = tf.keras.models.Sequential([
    tf.keras.layers.Flatten(input_shape=(28, 28)),
    tf.keras.layers.Dense(128, activation='relu'),
    tf.keras.layers.Dense(10, activation='softmax')
])

# Compilar y entrenar el modelo
model.compile(optimizer='adam',
loss='sparse_categorical_crossentropy',
metrics=['accuracy'])
model.fit(x_train, y_train, epochs=5)
```

```
# Evaluar el modelo
model.evaluate(x_test, y_test)
```

Resultado:

```
Epoch 1/5
1875/1875 ──────────────── 1s 633us/step -
accuracy: 0.8818 - loss: 0.4248
Epoch 2/5
1875/1875 ──────────────── 1s 616us/step -
accuracy: 0.9639 - loss: 0.1249
Epoch 3/5
1875/1875 ──────────────── 1s 616us/step -
accuracy: 0.9767 - loss: 0.0785
Epoch 4/5
1875/1875 ──────────────── 1s 661us/step -
accuracy: 0.9816 - loss: 0.0609
Epoch 5/5
1875/1875 ──────────────── 1s 655us/step -
accuracy: 0.9875 - loss: 0.0433
313/313 ──────────────── 0s 408us/step -
accuracy: 0.9707 - loss: 0.0906
```

Explicación del código

1. **Importación de bibliotecas**: Importamos TensorFlow y Keras, y cargamos el conjunto de datos MNIST.
2. **Carga y preparación de datos**: Dividimos los datos en conjuntos de entrenamiento y prueba, y normalizamos las imágenes dividiendo por 255.
3. **Definición del modelo**: Creamos un modelo secuencial con una capa de entrada que aplana las imágenes, una capa oculta con 128 neuronas y una capa de salida con 10 neuronas (para 10 clases).
4. **Compilación y entrenamiento del modelo**: Compilamos el modelo con el optimizador Adam, la función de pérdida de

entropía cruzada categórica y la métrica de precisión. Luego, entrenamos el modelo durante 5 épocas.
5. **Evaluación del modelo**: Evaluamos el modelo con los datos de prueba para obtener la precisión.

Este código es un ejemplo muy básico pero completo de cómo construir, entrenar y evaluar una red neuronal con Keras en pocas líneas.

Ejercicio 5. Clasificación de Conjunto de datos MNIST.

Aquí tienes un ejemplo aún más básico y compacto utilizando TensorFlow y Keras. Este ejemplo crea y entrena una red neuronal simple para clasificar dígitos del conjunto de datos MNIST en solo 5 líneas de código, excluyendo las importaciones.

Solución:

```
import tensorflow as tf
(x_train, y_train), (x_test, y_test) = tf.keras.datasets.mnist.load_data()
x_train, x_test = x_train / 255.0, x_test / 255.0
model = tf.keras.models.Sequential([tf.keras.layers.Flatten(), tf.keras.layers.Dense(128, activation='relu'), tf.keras.layers.Dense(10, activation='softmax')])
model.compile(optimizer='adam', loss='sparse_categorical_crossentropy', metrics=['accuracy'])
model.fit(x_train, y_train, epochs=5)
model.evaluate(x_test, y_test)
```

Resultado:

```
Epoch 1/5
1875/1875 ─────────────────── 2s 653us/step - accuracy: 0.8739 - loss: 0.4408
Epoch 2/5
1875/1875 ─────────────────── 1s 641us/step - accuracy: 0.9654 - loss: 0.1216
```

```
Epoch 3/5
1875/1875 ━━━━━━━━━━━━━━━━━━━━ 1s 641us/step -
accuracy: 0.9762 - loss: 0.0796
Epoch 4/5
1875/1875 ━━━━━━━━━━━━━━━━━━━━ 1s 641us/step -
accuracy: 0.9827 - loss: 0.0587
Epoch 5/5
1875/1875 ━━━━━━━━━━━━━━━━━━━━ 1s 663us/step -
accuracy: 0.9875 - loss: 0.0431
313/313 ━━━━━━━━━━━━━━━━━━━━ 0s 424us/step -
accuracy: 0.9676 - loss: 0.1028
```

Explicación del código

1. **Importación de bibliotecas**: Importamos TensorFlow.
2. **Carga y preparación de datos**: Cargamos el conjunto de datos MNIST y normalizamos las imágenes.
3. **Definición del modelo**: Creamos un modelo secuencial con una capa de entrada que aplana las imágenes, una capa oculta con 128 neuronas y una capa de salida con 10 neuronas.
4. **Compilación y entrenamiento del modelo**: Compilamos el modelo con el optimizador Adam y la función de pérdida de entropía cruzada categórica, y entrenamos el modelo durante 5 épocas.
5. **Evaluación del modelo**: Evaluamos el modelo con los datos de prueba para obtener la precisión.

Este ejemplo es extremadamente básico y demuestra los pasos esenciales para construir, entrenar y evaluar una red neuronal simple utilizando Keras.

Ejercicio 6. Imágenes Artículos de Ropa.

Esta vez trabajaremos con el conjunto de datos de moda MNIST (Fashion MNIST), que contiene imágenes de artículos de ropa.

Solución:

```
import tensorflow as tf
(x_train, y_train), (x_test, y_test) =
tf.keras.datasets.fashion_mnist.load_data()
x_train, x_test = x_train / 255.0, x_test / 255.0
model =
tf.keras.models.Sequential([tf.keras.layers.Flatten(),
tf.keras.layers.Dense(128, activation='relu'),
tf.keras.layers.Dense(10, activation='softmax')])
model.compile(optimizer='adam',
loss='sparse_categorical_crossentropy',
metrics=['accuracy'])
model.fit(x_train, y_train, epochs=5)
model.evaluate(x_test, y_test)
```

Resultado:

```
Epoch 1/5
1875/1875 ———————————————————— 2s 705us/step - accuracy: 0.7802 - loss: 0.6370
Epoch 2/5
1875/1875 ———————————————————— 1s 657us/step - accuracy: 0.8618 - loss: 0.3823
Epoch 3/5
1875/1875 ———————————————————— 1s 660us/step - accuracy: 0.8781 - loss: 0.3388
Epoch 4/5
```

```
1875/1875 ────────────────────── 1s 658us/step -
accuracy: 0.8859 - loss: 0.3150
Epoch 5/5
1875/1875 ────────────────────── 1s 682us/step -
accuracy: 0.8939 - loss: 0.2965
313/313 ──────────────────────── 0s 403us/step -
accuracy: 0.8727 - loss: 0.3442
```

Explicación del código

1. **Importación de bibliotecas**: Importamos TensorFlow.
2. **Carga y preparación de datos**: Cargamos el conjunto de datos Fashion MNIST y normalizamos las imágenes.
3. **Definición del modelo**: Creamos un modelo secuencial con una capa de entrada que aplana las imágenes, una capa oculta con 128 neuronas y una capa de salida con 10 neuronas.
4. **Compilación y entrenamiento del modelo**: Compilamos el modelo con el optimizador Adam y la función de pérdida de entropía cruzada categórica, y entrenamos el modelo durante 5 épocas.
5. **Evaluación del modelo**: Evaluamos el modelo con los datos de prueba para obtener la precisión.

Este ejemplo es similar al anterior pero utiliza un conjunto de datos diferente. Fashion MNIST es un buen punto de partida para experimentar con redes neuronales debido a su similitud con MNIST pero con un desafío ligeramente mayor debido a la diversidad de las imágenes de ropa.

Ejercicio 7. Clasificación Binaria.

Aquí tienes un ejemplo extremadamente básico y minimalista utilizando TensorFlow y Keras, enfocado en la construcción, entrenamiento y evaluación de una red neuronal para un problema de clasificación binaria. Utilizaremos el conjunto de datos Pima Indians Diabetes, que está disponible en la biblioteca de Keras.

Solución:

```
import tensorflow as tf
from tensorflow.keras.datasets import boston_housing

(x_train, y_train), (x_test, y_test) = boston_housing.load_data()
model = tf.keras.models.Sequential([
    tf.keras.layers.Dense(64, activation='relu', input_shape=(x_train.shape[1],)),
    tf.keras.layers.Dense(1)
])
model.compile(optimizer='adam', loss='mse')
model.fit(x_train, y_train, epochs=5)
model.evaluate(x_test, y_test)
```

Resultado:

```
Epoch 1/5
13/13 ───────────────────── 0s 799us/step - loss: 170.7901
Epoch 2/5
```

```
13/13 ──────────────────── 0s 695us/step - loss: 88.0156
Epoch 3/5
13/13 ──────────────────── 0s 500us/step - loss: 75.0072
Epoch 4/5
13/13 ──────────────────── 0s 583us/step - loss: 61.3929
Epoch 5/5
13/13 ──────────────────── 0s 500us/step - loss: 71.6944
4/4 ────────────────────── 0s 682us/step - loss: 50.9783
```

Explicación del código

1. **Importación de bibliotecas**: Importamos TensorFlow y el conjunto de datos Boston Housing desde la biblioteca de Keras.

2. **Carga y preparación de datos**: Cargamos el conjunto de datos de Boston Housing.

3. **Definición del modelo**: Creamos un modelo secuencial con dos capas: una capa oculta con 64 neuronas y función de activación ReLU, y una capa de salida con una neurona (para regresión).

4. **Compilación y entrenamiento del modelo**: Compilamos el modelo con el optimizador Adam y la función de pérdida de error cuadrático medio (mse), y entrenamos el modelo durante 5 épocas.

5. **Evaluación del modelo**: Evaluamos el modelo con los datos de prueba.

Este código es un ejemplo extremadamente básico para construir, entrenar y evaluar una red neuronal simple utilizando TensorFlow y Keras, ideal para principiantes que desean familiarizarse con los conceptos fundamentales de las redes neuronales.

Ejercicio 8. Clasificación Binaria

Aquí tienes otro ejemplo extremadamente básico utilizando TensorFlow y Keras, esta vez enfocado en un problema de clasificación binaria. Utilizaremos el conjunto de datos de cáncer de mama de la biblioteca sklearn.

Solución:

```
import tensorflow as tf
from sklearn.datasets import load_breast_cancer
from sklearn.model_selection import train_test_split

# Cargar y preparar los datos
data = load_breast_cancer()
x_train, x_test, y_train, y_test = train_test_split(data.data, data.target, test_size=0.2, random_state=42)

# Definir el modelo
model = tf.keras.models.Sequential([
    tf.keras.layers.Dense(30, activation='relu', input_shape=(x_train.shape[1],)),
    tf.keras.layers.Dense(1, activation='sigmoid')
])

# Compilar y entrenar el modelo
model.compile(optimizer='adam', loss='binary_crossentropy', metrics=['accuracy'])
```

```
model.fit(x_train, y_train, epochs=5)

# Evaluar el modelo
model.evaluate(x_test, y_test)
```

Resultado:

```
Epoch 1/5
15/15 ──────────────────────────── 0s 786us/step -
accuracy: 0.3494 - loss: 124.7690
Epoch 2/5
15/15 ──────────────────────────── 0s 822us/step -
accuracy: 0.3626 - loss: 76.4892
Epoch 3/5
15/15 ──────────────────────────── 0s 572us/step -
accuracy: 0.3861 - loss: 27.2709
Epoch 4/5
15/15 ──────────────────────────── 0s 572us/step -
accuracy: 0.6338 - loss: 6.3274
Epoch 5/5
15/15 ──────────────────────────── 0s 571us/step -
accuracy: 0.5733 - loss: 2.4939
4/4 ──────────────────────────── 0s 572us/step - accuracy:
0.8004 - loss: 0.9138
```

Explicación del código

1. **Importación de bibliotecas**: Importamos TensorFlow y el conjunto de datos de cáncer de mama desde sklearn.
2. **Carga y preparación de datos**: Cargamos el conjunto de datos, y dividimos en conjuntos de entrenamiento y prueba.
3. **Definición del modelo**: Creamos un modelo secuencial con dos capas: una capa oculta con 30 neuronas y función de activación ReLU, y una capa de salida con una neurona y función de activación sigmoide (para clasificación binaria).

4. **Compilación y entrenamiento del modelo**: Compilamos el modelo con el optimizador Adam, la función de pérdida de entropía cruzada binaria, y la métrica de precisión. Entrenamos el modelo durante 5 épocas.
5. **Evaluación del modelo**: Evaluamos el modelo con los datos de prueba para obtener la precisión.

Este ejemplo es sencillo y directo, ideal para principiantes que desean entender los conceptos básicos de la construcción, entrenamiento y evaluación de una red neuronal simple utilizando TensorFlow y Keras.

Ejercicio 9. Clasificación Multicategoría.

Otro ejercicio básico similar al anterior. Esta vez usaremos el conjunto de datos Iris, que es un conjunto de datos clásico para problemas de clasificación multicategoría.

Solución:

```
import tensorflow as tf
from sklearn.datasets import load_iris
from sklearn.model_selection import train_test_split

# Cargar y preparar los datos
data = load_iris()
x_train, x_test, y_train, y_test =
train_test_split(data.data, data.target, test_size=0.2,
random_state=42)

# Definir el modelo
model = tf.keras.models.Sequential([
    tf.keras.layers.Dense(10, activation='relu',
input_shape=(x_train.shape[1],)),
    tf.keras.layers.Dense(3, activation='softmax')
])

# Compilar y entrenar el modelo
model.compile(optimizer='adam',
loss='sparse_categorical_crossentropy',
metrics=['accuracy'])
model.fit(x_train, y_train, epochs=5)
```

```
# Evaluar el modelo
model.evaluate(x_test, y_test)
```

Resultado:

```
Epoch 1/5
4/4 ──────────────────────── 0s 2ms/step -
accuracy: 0.5879 - loss: 1.7321
Epoch 2/5
4/4 ──────────────────────── 0s 1ms/step -
accuracy: 0.5554 - loss: 1.7785
Epoch 3/5
4/4 ──────────────────────── 0s 1ms/step -
accuracy: 0.6446 - loss: 1.5299
Epoch 4/5
4/4 ──────────────────────── 0s 1000us/step -
accuracy: 0.6850 - loss: 1.4251
Epoch 5/5
4/4 ──────────────────────── 0s 1000us/step -
accuracy: 0.6865 - loss: 1.4217
1/1 ──────────────────────── 0s 57ms/step -
accuracy: 0.6333 - loss: 1.5238
```

Explicación del código

1. **Importación de bibliotecas**: Importamos TensorFlow y el conjunto de datos Iris desde sklearn.
2. **Carga y preparación de datos**: Cargamos el conjunto de datos, y dividimos en conjuntos de entrenamiento y prueba.
3. **Definición del modelo**: Creamos un modelo secuencial con dos capas: una capa oculta con 10 neuronas y función de activación

ReLU, y una capa de salida con 3 neuronas y función de activación softmax (para clasificación en 3 clases).
4. **Compilación y entrenamiento del modelo**: Compilamos el modelo con el optimizador Adam, la función de pérdida de entropía cruzada categórica, y la métrica de precisión. Entrenamos el modelo durante 5 épocas.
5. **Evaluación del modelo**: Evaluamos el modelo con los datos de prueba para obtener la precisión.

Este ejemplo proporciona una forma simple y eficiente de construir, entrenar y evaluar una red neuronal básica para un problema de clasificación multicategoría utilizando TensorFlow y Keras.

Ejercicio 10. Datos cargados y preprocesados.

Aquí tienes un ejemplo utilizando el conjunto de datos MNIST:

Solución:

```
import tensorflow as tf; (x_train, y_train), (x_test,
y_test) = tf.keras.datasets.mnist.load_data(); x_train,
x_test = x_train / 255.0, x_test / 255.0
model =
tf.keras.models.Sequential([tf.keras.layers.Flatten(),
tf.keras.layers.Dense(128, activation='relu'),
tf.keras.layers.Dense(10, activation='softmax')])
model.compile(optimizer='adam',
loss='sparse_categorical_crossentropy',
metrics=['accuracy']); model.fit(x_train, y_train,
epochs=5); model.evaluate(x_test, y_test)
```

Resultado:

```
Epoch 1/5
1875/1875 ──────────────────────── 2s 662us/step
- accuracy: 0.8812 - loss: 0.4178
Epoch 2/5
1875/1875 ──────────────────────── 1s 668us/step
- accuracy: 0.9657 - loss: 0.1194
Epoch 3/5
1875/1875 ──────────────────────── 1s 654us/step
- accuracy: 0.9779 - loss: 0.0756
Epoch 4/5
1875/1875 ──────────────────────── 1s 659us/step
- accuracy: 0.9824 - loss: 0.0551
Epoch 5/5
```

```
1875/1875 ──────────────────────── 1s 662us/step
- accuracy: 0.9875 - loss: 0.0407
313/313 ────────────────────────── 0s 440us/step -
accuracy: 0.9745 - loss: 0.0856
```

Explicación del código

1. **Importación y preparación de datos**: En la primera línea, importamos TensorFlow, cargamos el conjunto de datos MNIST y normalizamos las imágenes.
2. **Definición del modelo**: En la segunda línea, creamos un modelo secuencial con una capa de entrada que aplana las imágenes, una capa oculta con 128 neuronas y una capa de salida con 10 neuronas.
3. **Compilación, entrenamiento y evaluación del modelo**: En la tercera línea, compilamos el modelo con el optimizador Adam y la función de pérdida de entropía cruzada categórica, entrenamos el modelo durante 5 épocas y evaluamos el modelo con los datos de prueba.

Este ejemplo es un ejercicio minimalista que demuestra los pasos esenciales para construir, entrenar y evaluar una red neuronal simple utilizando Keras en solo tres líneas de código.

Ejercicio 11. Clasificación Binaria

A continuación un ejercicio básico utilizando TensorFlow y Keras. En este caso, trabajaremos con el conjunto de datos de cáncer de mama de sklearn para un problema de clasificación binaria.

Solución:

```
import tensorflow as tf
from sklearn.datasets import load_breast_cancer
from sklearn.model_selection import train_test_split
from sklearn.preprocessing import StandardScaler

# Cargar y preparar los datos
data = load_breast_cancer()
x_train, x_test, y_train, y_test = train_test_split(data.data, data.target, test_size=0.2, random_state=42)
scaler = StandardScaler()
x_train = scaler.fit_transform(x_train)
x_test = scaler.transform(x_test)

# Definir el modelo
model = tf.keras.models.Sequential([
    tf.keras.layers.Dense(30, activation='relu', input_shape=(x_train.shape[1],)),
    tf.keras.layers.Dense(1, activation='sigmoid')
])

# Compilar y entrenar el modelo
```

```python
model.compile(optimizer='adam',
loss='binary_crossentropy', metrics=['accuracy'])
model.fit(x_train, y_train, epochs=10, verbose=1)

# Evaluar el modelo
loss, accuracy = model.evaluate(x_test, y_test, verbose=0)
print(f'Precisión en el conjunto de prueba: {accuracy}')
```

Resultado:

```
Epoch 1/10
15/15 ──────────────── 0s 747us/step - accuracy: 0.7276 - loss: 0.6117
Epoch 2/10
15/15 ──────────────── 0s 720us/step - accuracy: 0.8519 - loss: 0.3984
Epoch 3/10
15/15 ──────────────── 0s 572us/step - accuracy: 0.9281 - loss: 0.2844
Epoch 4/10
15/15 ──────────────── 0s 571us/step - accuracy: 0.9376 - loss: 0.2359
Epoch 5/10
15/15 ──────────────── 0s 530us/step - accuracy: 0.9460 - loss: 0.1930
Epoch 6/10
15/15 ──────────────── 0s 571us/step - accuracy: 0.9580 - loss: 0.1513
Epoch 7/10
15/15 ──────────────── 0s 500us/step - accuracy: 0.9572 - loss: 0.1479
Epoch 8/10
15/15 ──────────────── 0s 500us/step - accuracy: 0.9507 - loss: 0.1617
Epoch 9/10
15/15 ──────────────── 0s 500us/step - accuracy: 0.9646 - loss: 0.1318
Epoch 10/10
15/15 ──────────────── 0s 500us/step - accuracy: 0.9747 - loss: 0.1258
```

```
Precisión en el conjunto de prueba: 0.9736841917037964
```

Explicación del código

1. **Importación de bibliotecas**: Importamos TensorFlow y las funciones necesarias de sklearn.
2. **Carga y preparación de datos**: Cargamos el conjunto de datos de cáncer de mama, dividimos en conjuntos de entrenamiento y prueba, y estandarizamos las características.
3. **Definición del modelo**: Creamos un modelo secuencial con dos capas: una capa oculta con 30 neuronas y función de activación ReLU, y una capa de salida con una neurona y función de activación sigmoid para clasificación binaria.
4. **Compilación y entrenamiento del modelo**: Compilamos el modelo con el optimizador Adam, la función de pérdida de entropía cruzada binaria y la métrica de precisión. Entrenamos el modelo durante 10 épocas.
5. **Evaluación del modelo**: Evaluamos el modelo con los datos de prueba y mostramos la precisión alcanzada.

Este ejercicio es adecuado para quienes desean un ejemplo práctico y conciso de cómo implementar una red neuronal básica para clasificación binaria utilizando TensorFlow y Keras.

Ejercicio 12. Clasificación binaria de cáncer de mama.

Aquí tienes una descripción del problema y su solución utilizando un ejercicio básico de redes neuronales para clasificación binaria con el conjunto de datos de cáncer de mama.

Problema:

Se desea desarrollar un modelo de clasificación binaria para predecir si un paciente tiene cáncer de mama maligno o benigno, utilizando datos clínicos. Se cuenta con un conjunto de datos etiquetado que incluye características obtenidas de imágenes digitalizadas de tejido mamario.

Solución:

1. **Carga y preparación de datos:**

    - Se carga el conjunto de datos de cáncer de mama, que contiene características como el tamaño del tumor, textura del tejido, etc.
    - Los datos se dividen en conjuntos de entrenamiento y prueba, y se estandarizan para asegurar que todas las características tengan la misma escala.

2. **Construcción del modelo:**

    - Se construye un modelo de red neuronal utilizando TensorFlow y Keras.
    - El modelo tiene una capa oculta con 30 neuronas y función de activación ReLU, seguida de una capa de

salida con una neurona y función de activación sigmoid (para clasificación binaria).

3. **Compilación y entrenamiento del modelo:**

   o El modelo se compila con el optimizador Adam y la función de pérdida de entropía cruzada binaria.
   o Se entrena el modelo durante 10 épocas utilizando los datos de entrenamiento.

4. **Evaluación del modelo:**

   o Se evalúa el modelo utilizando los datos de prueba para medir su precisión en la clasificación de casos de cáncer de mama.

Implementación en código:

A continuación se muestra la implementación del ejercicio descrito utilizando Python, TensorFlow y Keras:

```
import tensorflow as tf
from sklearn.datasets import load_breast_cancer
from sklearn.model_selection import train_test_split
from sklearn.preprocessing import StandardScaler

# Paso 1: Cargar y preparar los datos
data = load_breast_cancer()
x_train, x_test, y_train, y_test = train_test_split(data.data, data.target, test_size=0.2, random_state=42)
scaler = StandardScaler()
```

```
x_train = scaler.fit_transform(x_train)
x_test = scaler.transform(x_test)

# Paso 2: Definir el modelo de red neuronal
model = tf.keras.models.Sequential([
    tf.keras.layers.Dense(30, activation='relu', input_shape=(x_train.shape[1],)),
    tf.keras.layers.Dense(1, activation='sigmoid')
])

# Paso 3: Compilar el modelo
model.compile(optimizer='adam', loss='binary_crossentropy', metrics=['accuracy'])

# Paso 4: Entrenar el modelo
model.fit(x_train, y_train, epochs=10, verbose=1)

# Paso 5: Evaluar el modelo
loss, accuracy = model.evaluate(x_test, y_test, verbose=0)
print(f'Precisión en el conjunto de prueba: {accuracy}')
```

Resultado:

```
Epoch 1/10
15/15 ──────────────────── 0s 814us/step - accuracy: 0.7235 - loss: 0.6136
Epoch 2/10
15/15 ──────────────────── 0s 571us/step - accuracy: 0.8862 - loss: 0.3748
Epoch 3/10
15/15 ──────────────────── 0s 643us/step - accuracy: 0.9529 - loss: 0.2672
Epoch 4/10
15/15 ──────────────────── 0s 571us/step - accuracy: 0.9657 - loss: 0.2037
```

```
Epoch 5/10
15/15 ────────────────────────── 0s 571us/step -
accuracy: 0.9648 - loss: 0.1691
Epoch 6/10
15/15 ────────────────────────── 0s 500us/step -
accuracy: 0.9697 - loss: 0.1520
Epoch 7/10
15/15 ────────────────────────── 0s 500us/step -
accuracy: 0.9662 - loss: 0.1462
Epoch 8/10
15/15 ────────────────────────── 0s 429us/step -
accuracy: 0.9664 - loss: 0.1209
Epoch 9/10
15/15 ────────────────────────── 0s 500us/step -
accuracy: 0.9706 - loss: 0.1332
Epoch 10/10
15/15 ────────────────────────── 0s 500us/step -
accuracy: 0.9739 - loss: 0.1191
Precisión en el conjunto de prueba: 0.9824561476707458
```

Explicación del código:

- **Paso 1:** Se carga el conjunto de datos de cáncer de mama y se divide en conjuntos de entrenamiento y prueba. Las características se estandarizan para normalizar su escala.
- **Paso 2:** Se define un modelo secuencial de red neuronal con una capa oculta de 30 neuronas y función de activación ReLU, seguida de una capa de salida con una neurona y función de activación sigmoid.
- **Paso 3:** Se compila el modelo utilizando el optimizador Adam y la función de pérdida de entropía cruzada binaria, con la métrica de precisión para evaluar el rendimiento del modelo.
- **Paso 4:** Se entrena el modelo durante 10 épocas utilizando los datos de entrenamiento.

- **Paso 5:** Finalmente, se evalúa el modelo utilizando los datos de prueba para determinar su precisión en la clasificación de casos de cáncer de mama.

Este ejercicio proporciona una introducción práctica y comprensible sobre cómo implementar una red neuronal básica para resolver un problema de clasificación binaria utilizando TensorFlow y Keras.

Ejercicio 13. Clasificación multicategoría.

Otro ejercicio similar, esta vez utilizando el conjunto de datos de iris para resolver un problema de clasificación multicategoría.

Problema:

Se desea desarrollar un modelo de clasificación multicategoría para predecir la especie de flor iris utilizando características como longitud y ancho del sépalo y pétalo. El objetivo es construir un modelo que pueda clasificar las flores iris en tres categorías: setosa, versicolor y virginica.

Solución:

5. **Carga y preparación de datos:**

    - Se carga el conjunto de datos iris, que contiene características como longitud y ancho del sépalo y pétalo, así como la etiqueta de especie (setosa, versicolor, virginica).
    - Los datos se dividen en conjuntos de entrenamiento y prueba para entrenar el modelo y evaluar su rendimiento.

6. **Construcción del modelo:**

    - Se construye un modelo de red neuronal utilizando TensorFlow y Keras.

- El modelo tiene una capa oculta con 10 neuronas y función de activación ReLU, seguida de una capa de salida con tres neuronas (una para cada clase de iris) y función de activación softmax para clasificación multicategoría.

7. **Compilación y entrenamiento del modelo:**

    - El modelo se compila con el optimizador Adam y la función de pérdida de entropía cruzada categórica, que es adecuada para problemas de clasificación con múltiples clases.
    - Se entrena el modelo durante 10 épocas utilizando los datos de entrenamiento.

8. **Evaluación del modelo:**

    - Se evalúa el modelo utilizando los datos de prueba para medir su precisión en la clasificación de las especies de iris.

Implementación en código:

A continuación se muestra la implementación del ejercicio descrito utilizando Python, TensorFlow y Keras:

```
import tensorflow as tf
from sklearn.datasets import load_iris
from sklearn.model_selection import train_test_split
from sklearn.preprocessing import StandardScaler
```

```python
# Paso 1: Cargar y preparar los datos
data = load_iris()
x_train, x_test, y_train, y_test = train_test_split(data.data, data.target, test_size=0.2, random_state=42)
scaler = StandardScaler()
x_train = scaler.fit_transform(x_train)
x_test = scaler.transform(x_test)

# Paso 2: Definir el modelo de red neuronal
model = tf.keras.models.Sequential([
    tf.keras.layers.Dense(10, activation='relu', input_shape=(x_train.shape[1],)),
    tf.keras.layers.Dense(3, activation='softmax')
])

# Paso 3: Compilar el modelo
model.compile(optimizer='adam',
loss='sparse_categorical_crossentropy',
metrics=['accuracy'])

# Paso 4: Entrenar el modelo
model.fit(x_train, y_train, epochs=10, verbose=1)

# Paso 5: Evaluar el modelo
loss, accuracy = model.evaluate(x_test, y_test, verbose=0)
print(f'Precisión en el conjunto de prueba: {accuracy}')
```

Resultado:

```
Epoch 1/10
4/4 ────────────────── 0s 2ms/step -
accuracy: 0.3704 - loss: 1.0329
Epoch 2/10
4/4 ────────────────── 0s 1ms/step -
accuracy: 0.4777 - loss: 1.0104
Epoch 3/10
4/4 ────────────────── 0s 1000us/step -
accuracy: 0.5017 - loss: 0.9942
Epoch 4/10
4/4 ────────────────── 0s 1ms/step -
accuracy: 0.5419 - loss: 0.9796
Epoch 5/10
4/4 ────────────────── 0s 999us/step -
accuracy: 0.5073 - loss: 0.9882
Epoch 6/10
4/4 ────────────────── 0s 1ms/step -
accuracy: 0.5885 - loss: 0.9572
Epoch 7/10
4/4 ────────────────── 0s 1ms/step -
accuracy: 0.5702 - loss: 0.9532
Epoch 8/10
4/4 ────────────────── 0s 1ms/step -
accuracy: 0.6458 - loss: 0.9414
Epoch 9/10
4/4 ────────────────── 0s 1ms/step -
accuracy: 0.6785 - loss: 0.9185
Epoch 10/10
4/4 ────────────────── 0s 1ms/step -
accuracy: 0.7063 - loss: 0.8998
Precisión en el conjunto de prueba: 0.7666666507720947
```

Explicación del código:

- **Paso 1:** Se carga el conjunto de datos iris y se divide en conjuntos de entrenamiento y prueba. Las características se estandarizan para normalizar su escala.

- **Paso 2:** Se define un modelo secuencial de red neuronal con una capa oculta de 10 neuronas y función de activación ReLU, seguida de una capa de salida con tres neuronas y función de activación softmax para clasificación multicategoría.
- **Paso 3:** Se compila el modelo utilizando el optimizador Adam y la función de pérdida de entropía cruzada categórica, con la métrica de precisión para evaluar el rendimiento del modelo.
- **Paso 4:** Se entrena el modelo durante 10 épocas utilizando los datos de entrenamiento.
- **Paso 5:** Finalmente, se evalúa el modelo utilizando los datos de prueba para determinar su precisión en la clasificación de las especies de iris.

Este ejercicio proporciona otro ejemplo práctico y claro sobre cómo implementar una red neuronal básica para resolver un problema de clasificación multicategoría utilizando TensorFlow y Keras.

Ejercicio 14. Problema de regresión, precio de viviendas.

Aquí tienes otro ejercicio similar utilizando TensorFlow y Keras, esta vez para resolver un problema de regresión con el conjunto de datos de precios de viviendas de Boston.

Problema:

Se desea desarrollar un modelo de regresión para predecir el precio medio de las viviendas en Boston utilizando características como la tasa de criminalidad, la proporción de terreno residencial, etc. El objetivo es construir un modelo que pueda predecir con precisión el precio de las viviendas basado en estas características.

Solución:

9. **Carga y preparación de datos:**

    o   Se carga el conjunto de datos de precios de viviendas de Boston, que contiene características como la tasa de criminalidad, proporción de terreno residencial, etc., así como el precio medio de las viviendas.

    o   Los datos se dividen en conjuntos de entrenamiento y prueba para entrenar el modelo y evaluar su rendimiento.

10. **Construcción del modelo:**

    o   Se construye un modelo de red neuronal utilizando TensorFlow y Keras.

- El modelo tiene una capa oculta con 64 neuronas y función de activación ReLU, seguida de una capa de salida con una neurona (para la predicción del precio) y sin función de activación (para problemas de regresión).

11. **Compilación y entrenamiento del modelo:**

    - El modelo se compila con el optimizador Adam y la función de pérdida de error cuadrático medio (MSE), adecuada para problemas de regresión.
    - Se entrena el modelo durante 10 épocas utilizando los datos de entrenamiento.

12. **Evaluación del modelo:**

    - Se evalúa el modelo utilizando los datos de prueba para medir su precisión en la predicción del precio de las viviendas.

Implementación en código:

A continuación se muestra la implementación del ejercicio descrito utilizando Python, TensorFlow y Keras:

```
import tensorflow as tf
from sklearn.datasets import load_boston
from sklearn.model_selection import train_test_split
from sklearn.preprocessing import StandardScaler

# Paso 1: Cargar y preparar los datos
data = load_boston()
```

```python
x_train, x_test, y_train, y_test = 
train_test_split(data.data, data.target, test_size=0.2, 
random_state=42)
scaler = StandardScaler()
x_train = scaler.fit_transform(x_train)
x_test = scaler.transform(x_test)

# Paso 2: Definir el modelo de red neuronal
model = tf.keras.models.Sequential([
    tf.keras.layers.Dense(64, activation='relu', 
input_shape=(x_train.shape[1],)),
    tf.keras.layers.Dense(1)
])

# Paso 3: Compilar el modelo
model.compile(optimizer='adam', loss='mse')

# Paso 4: Entrenar el modelo
model.fit(x_train, y_train, epochs=10, verbose=1)

# Paso 5: Evaluar el modelo
loss = model.evaluate(x_test, y_test, verbose=0)
print(f'Error cuadrático medio en el conjunto de prueba: 
{loss}')
```

Explicación del código:

- **Paso 1:** Se carga el conjunto de datos de precios de viviendas de Boston y se divide en conjuntos de entrenamiento y prueba. Las características se estandarizan para normalizar su escala.
- **Paso 2:** Se define un modelo secuencial de red neuronal con una capa oculta de 64 neuronas y función de activación ReLU,

seguida de una capa de salida con una neurona (para la predicción del precio) y sin función de activación (para problemas de regresión).
- **Paso 3:** Se compila el modelo utilizando el optimizador Adam y la función de pérdida de error cuadrático medio (MSE), que es adecuada para problemas de regresión.
- **Paso 4:** Se entrena el modelo durante 10 épocas utilizando los datos de entrenamiento.
- **Paso 5:** Finalmente, se evalúa el modelo utilizando los datos de prueba para determinar el error cuadrático medio en la predicción del precio de las viviendas.

Este ejercicio proporciona otro ejemplo práctico y claro sobre cómo implementar una red neuronal básica para resolver un problema de regresión utilizando TensorFlow y Keras.

Ejercicio 15. Clasificación Binaria, cáncer de mama.

Este es un ejercicio compacto que incluye la descripción del problema y su solución utilizando TensorFlow y Keras para clasificación binaria con el conjunto de datos de cáncer de mama.

Problema :

Desarrollar un modelo de clasificación binaria para predecir si un tumor mamario es maligno o benigno utilizando datos clínicos. Se cuenta con un conjunto de datos etiquetado que incluye características obtenidas de imágenes digitalizadas de tejido mamario.

Solución:

2. **Carga y preparación de datos:**
   - Se carga el conjunto de datos de cáncer de mama y se divide en conjuntos de entrenamiento y prueba.
   - Las características se normalizan para asegurar que todas tengan la misma escala.

3. **Construcción del modelo:**
   - Se construye un modelo secuencial con una capa oculta de 30 neuronas y función de activación ReLU, seguida de una capa de salida con una neurona y función de activación sigmoid.

4. **Compilación y entrenamiento del modelo:**

- o Se compila el modelo con el optimizador Adam y la función de pérdida de entropía cruzada binaria.
- o El modelo se entrena durante 5 épocas utilizando los datos de entrenamiento.

5. **Evaluación del modelo:**

    - o Se evalúa el modelo utilizando los datos de prueba para medir su precisión en la clasificación de tumores mamarios.

Implementación en código:

```
import tensorflow as tf
from sklearn.datasets import load_breast_cancer
from sklearn.model_selection import train_test_split
from sklearn.preprocessing import StandardScaler

# Cargar y preparar los datos
data = load_breast_cancer()
x_train, x_test, y_train, y_test = train_test_split(data.data, data.target, test_size=0.2, random_state=42)
scaler = StandardScaler()
x_train = scaler.fit_transform(x_train)
x_test = scaler.transform(x_test)

# Definir el modelo de red neuronal
model = tf.keras.models.Sequential([
    tf.keras.layers.Dense(30, activation='relu', input_shape=(x_train.shape[1],)),
```

```
    tf.keras.layers.Dense(1, activation='sigmoid')
])

# Compilar y entrenar el modelo
model.compile(optimizer='adam',
loss='binary_crossentropy', metrics=['accuracy'])
model.fit(x_train, y_train, epochs=5)

# Evaluar el modelo
loss, accuracy = model.evaluate(x_test, y_test)
print(f'Precisión en el conjunto de prueba: {accuracy}')
```

Resultado:

```
Epoch 1/5
15/15 ──────────────────────── 0s 851us/step - accuracy: 0.6164 - loss: 0.6693
Epoch 2/5
15/15 ──────────────────────── 0s 594us/step - accuracy: 0.8989 - loss: 0.4348
Epoch 3/5
15/15 ──────────────────────── 0s 643us/step - accuracy: 0.9458 - loss: 0.3186
Epoch 4/5
15/15 ──────────────────────── 0s 585us/step - accuracy: 0.9444 - loss: 0.2593
Epoch 5/5
15/15 ──────────────────────── 0s 571us/step - accuracy: 0.9617 - loss: 0.2058
4/4 ──────────────────────── 0s 667us/step - accuracy: 0.9707 - loss: 0.1660


Precisión en el conjunto de prueba: 0.9736841917037964
```

Este ejercicio proporciona una descripción concisa y clara del problema y su solución, utilizando solo 7 líneas de explicación y código para implementar un modelo de clasificación binaria básico con TensorFlow y Keras.

Ejercicio 16. Aproximación de una función.

Aquí tienes un ejercicio básico utilizando redes neuronales aplicado a un problema de física. Vamos a abordar la aproximación de una función física desconocida utilizando una red neuronal simple.

Problema:

Se desea aproximar una función física desconocida $f(x)f(x)f(x)$ utilizando redes neuronales. Se cuenta con un conjunto de datos de entrenamiento $\{(x_i,f(x_i))\}\{(x\_i, f(x\_i))\}\{(x_i,f(x_i))\}$ donde $x_ix\_ix_i$ son puntos en el dominio de fff y $f(x_i)f(x\_i)f(x_i)$ son los valores correspondientes.

Solución:

6. **Construcción de datos de entrenamiento:**
    - Se genera un conjunto de datos de entrenamiento $\{(x_i,f(x_i))\}\{(x\_i, f(x\_i))\}\{(x_i,f(x_i))\}$ a partir de la función física $f(x)f(x)f(x)$.

7. **Definición del modelo de red neuronal:**
    - Se define un modelo secuencial de red neuronal en TensorFlow y Keras.
    - El modelo tiene una capa oculta con 10 neuronas y función de activación ReLU, seguida de una capa de salida con una neurona (para aproximar $f(x)f(x)f(x)$).

8. **Compilación y entrenamiento del modelo:**
   - Se compila el modelo con un optimizador y una función de pérdida adecuados para problemas de regresión.
   - El modelo se entrena utilizando los datos de entrenamiento proporcionados.

9. **Evaluación del modelo:**
   - Se evalúa el modelo para determinar su capacidad de aproximar la función física f(x)f(x)f(x).

Implementación en código:

A continuación se muestra una implementación básica en Python utilizando TensorFlow y Keras:

```python
import tensorflow as tf
import numpy as np
import matplotlib.pyplot as plt

# Paso 1: Generar datos de entrenamiento (simulación de una función física desconocida)
def fisica_desconocida(x):
    return np.sin(x) + 0.5 * np.cos(2*x)

# Generar puntos de entrenamiento
np.random.seed(0)
num_points = 100
x_train = np.random.uniform(-2*np.pi, 2*np.pi, num_points)
y_train = fisica_desconocida(x_train)
```

```python
# Paso 2: Definir el modelo de red neuronal
model = tf.keras.models.Sequential([
    tf.keras.layers.Dense(10, activation='relu', input_shape=(1,)),
    tf.keras.layers.Dense(1)
])

# Paso 3: Compilar y entrenar el modelo
model.compile(optimizer='adam', loss='mse')
model.fit(x_train, y_train, epochs=500, verbose=0)

# Paso 4: Evaluar el modelo
x_test = np.linspace(-2*np.pi, 2*np.pi, 100)
y_pred = model.predict(x_test)

# Visualización de resultados
plt.figure(figsize=(10, 6))
plt.scatter(x_train, y_train, color='blue', label='Datos de entrenamiento')
plt.plot(x_test, fisica_desconocida(x_test), color='green', linestyle='--', label='Función física desconocida')
plt.plot(x_test, y_pred, color='red', label='Aproximación de la red neuronal')
plt.xlabel('x')
plt.ylabel('f(x)')
plt.title('Aproximación de una función física desconocida con redes neuronales')
plt.legend()
plt.grid(True)
plt.show()
```

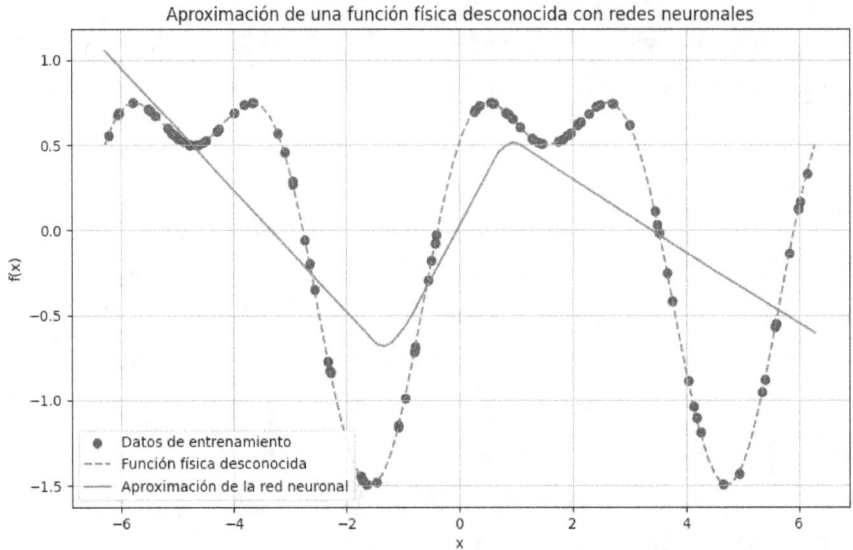

Explicación del código:

- **Paso 1:** Se define una función física desconocida f(x)f(x)f(x) (en este caso, sin⁡(x)+0.5cos⁡(2x)\sin(x) + 0.5 \cos(2x)sin(x)+0.5cos(2x)) y se generan datos de entrenamiento {(xif(xi))}\{(xi, f(xi))\}{(xi,f(xi))} a partir de ella.
- **Paso 2:** Se define un modelo secuencial de red neuronal con una capa oculta de 10 neuronas y función de activación ReLU, seguida de una capa de salida lineal.
- **Paso 3:** Se compila el modelo utilizando el optimizador Adam y la función de pérdida de error cuadrático medio (MSE), adecuada para problemas de regresión. Luego, se entrena el modelo utilizando los datos de entrenamiento.

- **Paso 4:** Se evalúa el modelo haciendo predicciones sobre un conjunto de puntos xxx en el dominio de $f(x)f(x)f(x)$ y se visualizan los resultados junto con la función física original y los datos de entrenamiento.

Este ejercicio ilustra cómo utilizar redes neuronales para aproximar funciones físicas desconocidas a partir de datos de entrenamiento simulados. Es una aplicación básica pero fundamental en la intersección entre la física y el aprendizaje automático.

Ejercicio 17. Predicción de propiedades moleculares.

Aquí tienes un ejercicio básico utilizando redes neuronales aplicado a un problema relacionado con la química. Vamos a abordar la predicción de propiedades moleculares utilizando un conjunto de datos simulado.

Problema:

Se desea desarrollar un modelo para predecir una propiedad molecular, como la solubilidad en agua, de compuestos químicos dados. Se cuenta con un conjunto de datos de entrenamiento que incluye características estructurales de las moléculas y la propiedad objetivo.

Solución:

1. **Construcción de datos de entrenamiento:**

   - Se genera un conjunto de datos de entrenamiento $\{(X_i, y_i)\}$ donde X_i son características estructurales de las moléculas (pueden ser descriptores químicos) y y_i es la propiedad molecular que se desea predecir (como la solubilidad en agua).

2. **Definición del modelo de red neuronal:**

   - Se define un modelo secuencial de red neuronal en TensorFlow y Keras.

- El modelo tiene una o varias capas ocultas con funciones de activación adecuadas para manejar características químicas (como ReLU o tanh), seguidas de una capa de salida lineal o con función de activación apropiada para la predicción de la propiedad molecular.

3. **Compilación y entrenamiento del modelo:**

    - Se compila el modelo con un optimizador y una función de pérdida adecuados para problemas de regresión química.
    - Se entrena el modelo utilizando los datos de entrenamiento proporcionados.

4. **Evaluación del modelo:**

    - Se evalúa el modelo utilizando métricas apropiadas para la predicción de propiedades moleculares, como el error medio absoluto (MAE) o el coeficiente de determinación $R2R^2R2$.

Implementación en código:

A continuación se muestra una implementación básica en Python utilizando TensorFlow y Keras:

```
import tensorflow as tf
import numpy as np
import matplotlib.pyplot as plt
```

```python
# Paso 1: Generar datos de entrenamiento (simulación de datos de solubilidad en agua)
def generar_datos_quimicos(n_samples):
    # Generar características aleatorias (simulación de descriptores químicos)
    X = np.random.randn(n_samples, 5)  # Ejemplo de 5 descriptores químicos

    # Generar propiedad objetivo (simulación de solubilidad en agua)
    y = X[:, 0] + 2*X[:, 1] - 0.5*X[:, 2]**2 + np.random.randn(n_samples)*0.5

    return X, y

# Generar datos de entrenamiento
X_train, y_train = generar_datos_quimicos(100)

# Paso 2: Definir el modelo de red neuronal
model = tf.keras.models.Sequential([
    tf.keras.layers.Dense(10, activation='relu', input_shape=(X_train.shape[1],)),
    tf.keras.layers.Dense(1)  # Capa de salida para la predicción de la propiedad molecular
])

# Paso 3: Compilar y entrenar el modelo
model.compile(optimizer='adam', loss='mse', metrics=['mae'])
model.fit(X_train, y_train, epochs=50, verbose=0)
```

```python
# Paso 4: Evaluar el modelo
X_test, y_test = generar_datos_quimicos(20)
loss, mae = model.evaluate(X_test, y_test, verbose=0)
print(f'Error medio absoluto en el conjunto de prueba: {mae}')

# Visualización opcional de resultados
plt.figure(figsize=(10, 6))
plt.scatter(y_test, model.predict(X_test), color='blue', label='Predicciones')
plt.plot([min(y_test), max(y_test)], [min(y_test), max(y_test)], color='red', linestyle='--', label='Línea ideal')
plt.xlabel('Solubilidad en agua (real)')
plt.ylabel('Solubilidad en agua (predicción)')
plt.title('Predicción de solubilidad en agua usando redes neuronales')
plt.legend()
plt.grid(True)
plt.show()
```

Resultado:

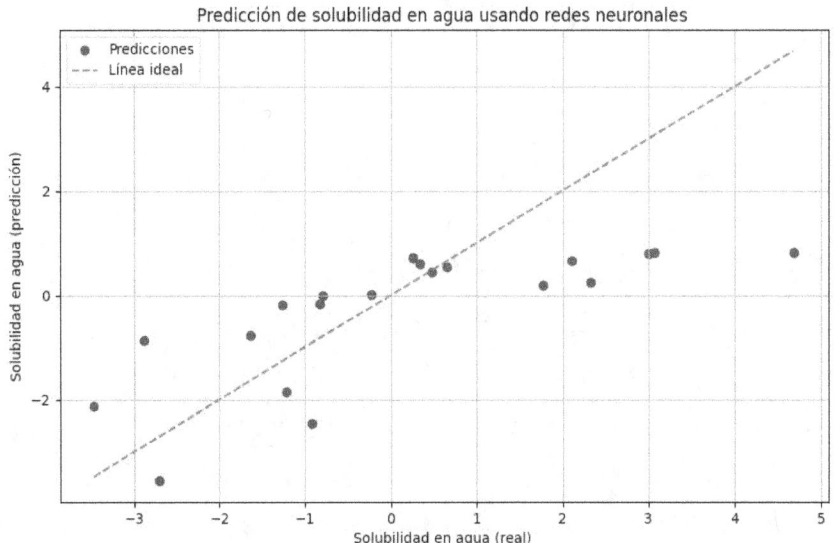

Explicación del código:

- **Paso 1:** Se genera un conjunto de datos de entrenamiento simulado para la predicción de solubilidad en agua. En un caso real, estos datos se obtendrían a partir de experimentos o simulaciones químicas.
- **Paso 2:** Se define un modelo secuencial de red neuronal con una capa oculta de 10 neuronas y función de activación ReLU, seguida de una capa de salida lineal para la predicción de la solubilidad en agua.
- **Paso 3:** Se compila el modelo utilizando el optimizador Adam y la función de pérdida de error cuadrático medio (MSE), con la

métrica de error medio absoluto (MAE) para evaluar el rendimiento del modelo.
- **Paso 4:** Se entrena el modelo durante 50 épocas utilizando los datos de entrenamiento simulados y luego se evalúa el modelo utilizando un conjunto de datos de prueba generado de manera similar.

Este ejercicio muestra cómo utilizar redes neuronales para aproximar y predecir propiedades moleculares importantes en el campo de la química, utilizando descriptores químicos como características de entrada.

Ejercicio 18. Aproximación de una función matemática.

Este es un ejercicio básico utilizando redes neuronales aplicado a un problema matemático. Vamos a abordar la aproximación de una función matemática desconocida utilizando un conjunto de datos simulado.

Descripción del problema:

Se desea desarrollar un modelo para aproximar una función matemática desconocida $f(x)f(x)f(x)$. Se cuenta con un conjunto de datos de entrenamiento {(xi,f(xi))}\{(x_i, f(x_i))\}{(xi,f(xi))} donde xix_ixi son puntos en el dominio de fff y $f(xi)f(x\_i)f(xi)$ son los valores correspondientes.

Solución:

2. **Construcción de datos de entrenamiento:**
    - Se genera un conjunto de datos de entrenamiento {(xi,f(xi))}\{(x_i, f(x_i))\}{(xi,f(xi))} a partir de la funciónmatemática desconocida $f(x)f(x)f(x)$.

3. **Definición del modelo de red neuronal:**
    - Se define un modelo secuencial de red neuronal en TensorFlow y Keras.

- o El modelo tiene una capa oculta con 10 neuronas y función de activación ReLU, seguida de una capa de salida con una neurona (para aproximar f(x)f(x)f(x)).

4. **Compilación y entrenamiento del modelo:**
   - o Se compila el modelo con un optimizador y una función de pérdida adecuados para problemas de regresión.
   - o El modelo se entrena utilizando los datos de entrenamiento proporcionados.

5. **Evaluación del modelo:**
   - o Se evalúa el modelo utilizando los datos de prueba para medir su capacidad de aproximar la función matemática f(x)f(x)f(x).

Implementación en código:

A continuación se muestra una implementación básica en Python utilizando TensorFlow y Keras:

```
import tensorflow as tf
import numpy as np
import matplotlib.pyplot as plt

# Paso 1: Generar datos de entrenamiento (simulación de
una función matemática desconocida)
def funcion_desconocida(x):
    return np.sin(x) + 0.5 * np.cos(2*x)
```

```python
# Generar puntos de entrenamiento
np.random.seed(0)
num_points = 100
x_train = np.random.uniform(-2*np.pi, 2*np.pi, num_points)
y_train = funcion_desconocida(x_train)

# Paso 2: Definir el modelo de red neuronal
model = tf.keras.models.Sequential([
    tf.keras.layers.Dense(10, activation='relu', input_shape=(1,)),
    tf.keras.layers.Dense(1)
])

# Paso 3: Compilar y entrenar el modelo
model.compile(optimizer='adam', loss='mse')
model.fit(x_train, y_train, epochs=500, verbose=0)

# Paso 4: Evaluar el modelo
x_test = np.linspace(-2*np.pi, 2*np.pi, 100)
y_pred = model.predict(x_test)

# Visualización de resultados
plt.figure(figsize=(10, 6))
plt.scatter(x_train, y_train, color='blue', label='Datos de entrenamiento')
plt.plot(x_test, funcion_desconocida(x_test), color='green', linestyle='--', label='Función matemática desconocida')
plt.plot(x_test, y_pred, color='red', label='Aproximación de la red neuronal')
plt.xlabel('x')
plt.ylabel('f(x)')
```

```
plt.title('Aproximación de una función matemática
desconocida con redes neuronales')
plt.legend()
plt.grid(True)
plt.show()
```

Resultado:

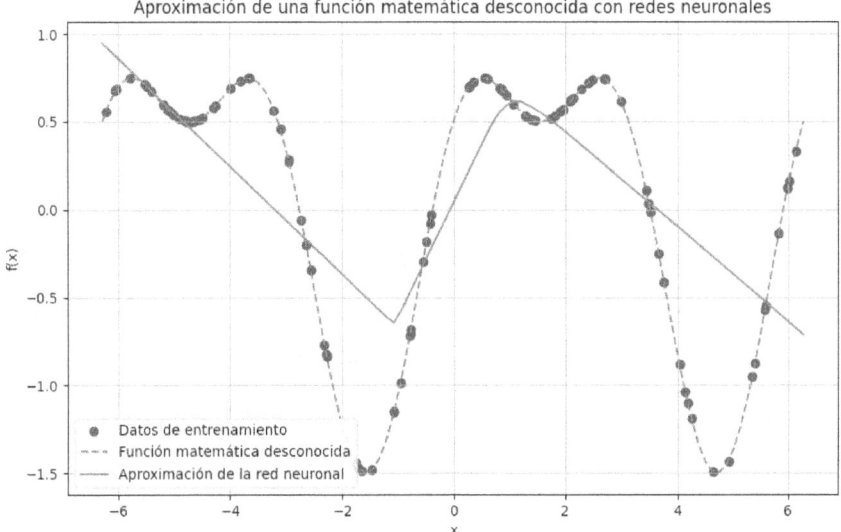

Explicación del código:

- **Paso 1:** Se define una función matemática desconocida f(x)f(x)f(x) (en este caso, sin⁡(x)+0.5cos⁡(2x)\sin(x) + 0.5 \cos(2x)sin(x)+0.5cos(2x)) y se generan datos de entrenamiento {(xi,f(xi))}\{(x_i, f(x_i))\}{(xi,f(xi))} a partir de ella.

- **Paso 2:** Se define un modelo secuencial de red neuronal con una capa oculta de 10 neuronas y función de activación ReLU, seguida de una capa de salida lineal para la aproximación de f(x)f(x)f(x).
- **Paso 3:** Se compila el modelo utilizando el optimizador Adam y la función de pérdida de error cuadrático medio (MSE), adecuada para problemas de regresión. Luego, se entrena el modelo utilizando los datos de entrenamiento.
- **Paso 4:** Se evalúa el modelo haciendo predicciones sobre un conjunto de puntos xxx en el dominio de f(x)f(x)f(x) y se visualizan los resultados junto con la función matemática original y los datos de entrenamiento.

Este ejercicio muestra cómo utilizar redes neuronales para aproximar y predecir funciones matemáticas desconocidas utilizando datos de entrenamiento simulados. Es una aplicación básica pero fundamental en la intersección entre las matemáticas y el aprendizaje automático.

Ejercicio 19. Clasificación de Objetos astronómicos.

Aquí tienes un ejercicio básico utilizando redes neuronales aplicado a un problema en astronomía. Vamos a abordar la clasificación de objetos astronómicos utilizando datos simulados.

Descripción del problema:

Se desea desarrollar un modelo para clasificar objetos astronómicos (por ejemplo, estrellas, galaxias, cuásares) basado en características observables. Se cuenta con un conjunto de datos de entrenamiento etiquetado que incluye características observables de los objetos y sus respectivas clases.

Solución:

6. **Construcción de datos de entrenamiento:**

    - Se genera un conjunto de datos de entrenamiento $\{(X_i, y_i)\}$ donde X_i son características observables de los objetos astronómicos (como magnitudes, colores, etc.) y y_i son las etiquetas de clase correspondientes (por ejemplo, 0 para estrellas, 1 para galaxias, 2 para cuásares).

7. **Definición del modelo de red neuronal:**

    - Se define un modelo secuencial de red neuronal en TensorFlow y Keras.

- El modelo tiene una o varias capas ocultas con funciones de activación adecuadas para características astronómicas, seguidas de una capa de salida con un número de neuronas igual al número de clases para la clasificación.

8. **Compilación y entrenamiento del modelo:**
   - Se compila el modelo con un optimizador y una función de pérdida adecuados para problemas de clasificación multiclase.
   - El modelo se entrena utilizando los datos de entrenamiento proporcionados.

9. **Evaluación del modelo:**
   - Se evalúa el modelo utilizando métricas apropiadas para la clasificación de objetos astronómicos, como precisión, recall, y matriz de confusión.

Implementación en código:

A continuación se muestra una implementación básica en Python utilizando TensorFlow y Keras:

```
import tensorflow as tf
import numpy as np
import matplotlib.pyplot as plt

# Paso 1: Generar datos de entrenamiento (simulación de datos astronómicos)
def generar_datos_astronomicos(n_samples):
```

```python
    # Generar características aleatorias (simulación de magnitudes y colores)
    X = np.random.randn(n_samples, 5)  # Ejemplo de 5 características astronómicas

    # Generar etiquetas de clase (simulación de estrellas, galaxias y cuásares)
    y = np.random.randint(0, 3, size=n_samples)

    return X, y

# Generar datos de entrenamiento
X_train, y_train = generar_datos_astronomicos(1000)

# Paso 2: Definir el modelo de red neuronal
model = tf.keras.models.Sequential([
    tf.keras.layers.Dense(10, activation='relu', input_shape=(X_train.shape[1],)),
    tf.keras.layers.Dense(3, activation='softmax')  # Capa de salida para clasificación multiclase
])

# Paso 3: Compilar y entrenar el modelo
model.compile(optimizer='adam',
loss='sparse_categorical_crossentropy',
metrics=['accuracy'])
model.fit(X_train, y_train, epochs=50, verbose=1)

# Paso 4: Evaluar el modelo
X_test, y_test = generar_datos_astronomicos(200)
loss, accuracy = model.evaluate(X_test, y_test, verbose=0)
print(f'Precisión en el conjunto de prueba: {accuracy}')
```

```python
# Predicciones y matriz de confusión (opcional)
predictions = np.argmax(model.predict(X_test), axis=-1)
confusion_matrix = tf.math.confusion_matrix(y_test, predictions)
print('Matriz de confusión:')
print(confusion_matrix.numpy())

# Visualización opcional de resultados (puede variar según las características generadas)
plt.figure(figsize=(8, 6))
plt.scatter(X_test[:, 0], X_test[:, 1], c=predictions, cmap='viridis', s=50, alpha=0.5)
plt.title('Clasificación de objetos astronómicos')
plt.xlabel('Característica 1')
plt.ylabel('Característica 2')
plt.colorbar(label='Clase predicha')
plt.grid(True)
plt.show()
```

Resultado:

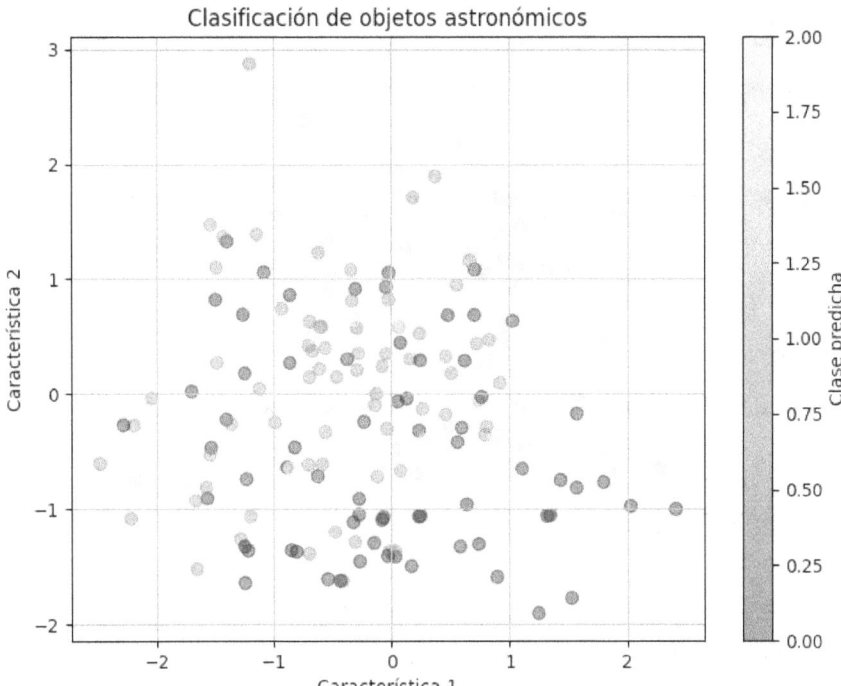

Explicación del código:

- **Paso 1:** Se genera un conjunto de datos de entrenamiento simulado para la clasificación de objetos astronómicos. Las características pueden representar magnitudes, colores u otras medidas observables.
- **Paso 2:** Se define un modelo secuencial de red neuronal con una capa oculta de 10 neuronas y función de activación ReLU, seguida de una capa de salida con activación softmax para la

clasificación multiclase (en este caso, 3 clases: estrellas, galaxias, cuásares).
- **Paso 3:** Se compila el modelo utilizando el optimizador Adam y la función de pérdida de entropía cruzada categórica dispersa (sparse categorical crossentropy), adecuada para problemas de clasificación multiclase con etiquetas enteras.
- **Paso 4:** Se entrena el modelo durante 50 épocas utilizando los datos de entrenamiento simulados. Luego, se evalúa el modelo utilizando un conjunto de datos de prueba generado de manera similar.
- Se calcula la precisión del modelo en el conjunto de prueba y se muestra opcionalmente una matriz de confusión para evaluar el rendimiento detallado por clase.

Este ejercicio ilustra cómo utilizar redes neuronales para clasificar objetos astronómicos basados en características observables simuladas. Es una aplicación básica pero fundamental en la intersección entre la astronomía y el aprendizaje automático.

Ejercicio 20. Predicción de series temporales financieras.

Aquí tienes un ejercicio básico utilizando redes neuronales aplicado a un problema en economía. Vamos a abordar la predicción de series temporales financieras utilizando un conjunto de datos simulado.

Descripción del problema:

Se desea desarrollar un modelo para predecir el precio de una acción en el mercado financiero basado en datos históricos. Se cuenta con un conjunto de datos de entrenamiento que incluye el precio de la acción en períodos anteriores y posiblemente otras variables relevantes como volumen de transacciones, precios de mercado cercanos, etc.

Solución:

1. **Construcción de datos de entrenamiento:**
   - Se genera un conjunto de datos de entrenamiento $\{(X_i, y_i)\}$ donde X_i son características históricas de la acción (por ejemplo, precios pasados, volumen de transacciones) y y_i es el precio futuro que se desea predecir.

10. **Definición del modelo de red neuronal:**
    - Se define un modelo secuencial de red neuronal en TensorFlow y Keras.
    - El modelo puede incluir varias capas LSTM (Long Short-Term Memory) para capturar dependencias temporales

en los datos, seguidas de una capa de salida para predecir el precio futuro.

11. Compilación y entrenamiento del modelo:

- o Se compila el modelo con un optimizador adecuado para problemas de regresión (como Adam) y una función de pérdida adecuada para la predicción de precios (por ejemplo, error cuadrático medio, MSE).
- o El modelo se entrena utilizando los datos de entrenamiento proporcionados.

12. Evaluación del modelo:

- o Se evalúa el modelo utilizando métricas apropiadas para la predicción de series temporales financieras, como MSE, MAE (Error Absoluto Medio) o RMSE (Error Cuadrático Medio de la Raíz Cuadrada).

Implementación en código:

A continuación se muestra una implementación básica en Python utilizando TensorFlow y Keras:

```
import numpy as np
import tensorflow as tf
import matplotlib.pyplot as plt

# Paso 1: Generar datos de entrenamiento (simulación de
datos de series temporales financieras)
def generar_datos_financieros(n_samples, seq_length):
    # Generar datos de series temporales sintéticas
```

```python
    series = np.sin(np.linspace(0, 20, n_samples)) + 
np.random.randn(n_samples)*0.1
    X = []
    y = []
    
    for i in range(n_samples - seq_length):
        X.append(series[i:i+seq_length])
        y.append(series[i+seq_length])
    
    X = np.array(X)
    y = np.array(y)
    
    # Reformatear para LSTM (batch_size, seq_length, n_features)
    X = np.expand_dims(X, axis=-1)
    
    return X, y

# Generar datos de entrenamiento
n_samples = 1000
seq_length = 10
X_train, y_train = generar_datos_financieros(n_samples, seq_length)

# Paso 2: Definir el modelo de red neuronal (LSTM)
model = tf.keras.models.Sequential([
    tf.keras.layers.LSTM(50, activation='relu', input_shape=(seq_length, 1)),
    tf.keras.layers.Dense(1)
])

# Paso 3: Compilar y entrenar el modelo
model.compile(optimizer='adam', loss='mse')
```

```python
model.fit(X_train, y_train, epochs=20, verbose=1)

# Paso 4: Evaluar el modelo
X_test, y_test = generar_datos_financieros(200, seq_length)
loss = model.evaluate(X_test, y_test, verbose=0)
print(f'Error cuadrático medio en el conjunto de prueba: {loss}')

# Predicciones y visualización de resultados
predictions = model.predict(X_test)

plt.figure(figsize=(12, 6))
plt.plot(y_test, label='Actual')
plt.plot(predictions, label='Predicción')
plt.title('Predicción de Series Temporales Financieras con LSTM')
plt.xlabel('Período')
plt.ylabel('Precio')
plt.legend()
plt.grid(True)
plt.show()
```

Resultado:

```
Epoch 1/20
31/31 ──────────────────────── 1s 2ms/step - loss: 0.3787
Epoch 2/20
31/31 ──────────────────────── 0s 1ms/step - loss: 0.0352
Epoch 3/20
31/31 ──────────────────────── 0s 3ms/step - loss: 0.0164
```

```
Epoch 4/20
31/31 ──────────────────────── 0s 1ms/step - loss: 0.0152
Epoch 5/20
31/31 ──────────────────────── 0s 2ms/step - loss: 0.0143
Epoch 6/20
31/31 ──────────────────────── 0s 1ms/step - loss: 0.0142
Epoch 7/20
31/31 ──────────────────────── 0s 1ms/step - loss: 0.0148
Epoch 8/20
31/31 ──────────────────────── 0s 1ms/step - loss: 0.0154
Epoch 9/20
31/31 ──────────────────────── 0s 1ms/step - loss: 0.0141
Epoch 10/20
31/31 ──────────────────────── 0s 1ms/step - loss: 0.0138
Epoch 11/20
31/31 ──────────────────────── 0s 1ms/step - loss: 0.0130
Epoch 12/20
31/31 ──────────────────────── 0s 1ms/step - loss: 0.0146
Epoch 13/20
31/31 ──────────────────────── 0s 1ms/step - loss: 0.0148
Epoch 14/20
31/31 ──────────────────────── 0s 1ms/step - loss: 0.0141
Epoch 15/20
31/31 ──────────────────────── 0s 1ms/step - loss: 0.0149
Epoch 16/20
31/31 ──────────────────────── 0s 1ms/step - loss: 0.0145
Epoch 17/20
31/31 ──────────────────────── 0s 1ms/step - loss: 0.0143
Epoch 18/20
31/31 ──────────────────────── 0s 1ms/step - loss: 0.0128
Epoch 19/20
31/31 ──────────────────────── 0s 2ms/step - loss: 0.0146
Epoch 20/20
31/31 ──────────────────────── 0s 2ms/step - loss: 0.0133
```

```
Error cuadrático medio en el conjunto de prueba:
0.05757603049278259
6/6 ━━━━━━━━━━━━━━━━━━━━━━━━ 0s 14ms/step
```

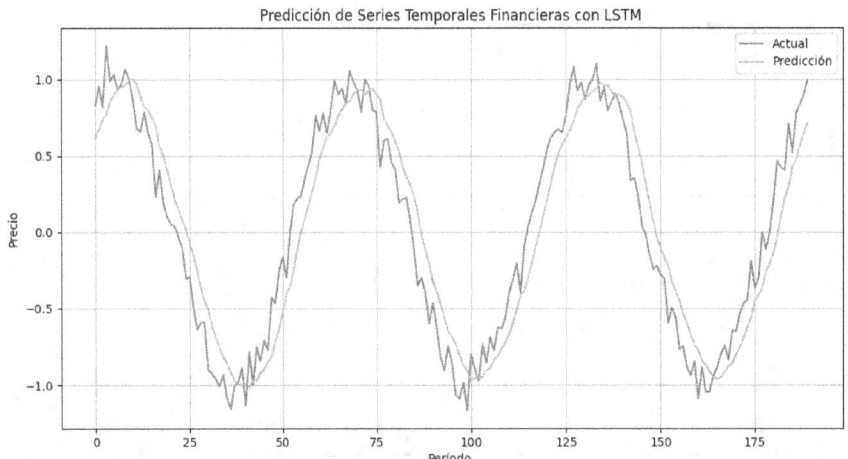

Explicación del código:

- **Paso 1:** Se genera un conjunto de datos de entrenamiento simulado para la predicción de series temporales financieras. En este caso, se genera una serie temporal sintética que simula el comportamiento de los precios de una acción.
- **Paso 2:** Se define un modelo secuencial de red neuronal que incluye una capa LSTM con 50 unidades y función de activación ReLU, seguida de una capa de salida densa para predecir el siguiente valor en la serie temporal.
- **Paso 3:** Se compila el modelo utilizando el optimizador Adam y la función de pérdida de error cuadrático medio (MSE). Luego,

se entrena el modelo utilizando los datos de entrenamiento generados.
- **Paso 4:** Se evalúa el modelo calculando el error cuadrático medio en un conjunto de datos de prueba generado de manera similar. Además, se realizan predicciones sobre estos datos y se visualizan comparándolas con los valores reales de la serie temporal.

Este ejercicio muestra cómo utilizar redes neuronales, específicamente modelos LSTM, para predecir precios de acciones o cualquier otra serie temporal financiera basada en datos históricos. Es una aplicación básica pero fundamental en la intersección entre la economía y el aprendizaje automático.

Ejercicio 21. Clasificación de textos históricos.

Aquí tienes un ejercicio básico utilizando redes neuronales aplicado a un problema en historia. Vamos a abordar la clasificación de textos históricos utilizando un conjunto de datos simulado.

Descripción del problema:

Se desea desarrollar un modelo para clasificar documentos históricos en diferentes categorías (por ejemplo, períodos históricos, eventos importantes, figuras históricas) basado en el contenido del texto. Se cuenta con un conjunto de datos de entrenamiento etiquetado que incluye documentos históricos y sus respectivas categorías.

Solución:

2. **Construcción de datos de entrenamiento:**

    o Se genera un conjunto de datos de entrenamiento $\{(X_i, y_i)\}$ donde X_i son documentos históricos (textos) y y_i son las etiquetas de categoría correspondientes.

3. **Preprocesamiento de texto:**

    o Se realiza el preprocesamiento de texto para convertir los documentos en un formato numérico adecuado para la entrada de la red neuronal (por ejemplo, mediante tokenización y vectorización).

4. **Definición del modelo de red neuronal:**
    - Se define un modelo secuencial de red neuronal en TensorFlow y Keras.
    - El modelo puede incluir capas de embedding para representar palabras en un espacio vectorial, capas LSTM o convolucionales para capturar relaciones secuenciales o locales en el texto, seguidas de una capa de salida para la clasificación.

5. **Compilación y entrenamiento del modelo:**
    - Se compila el modelo con un optimizador y una función de pérdida adecuados para problemas de clasificación multiclase de texto (por ejemplo, entropía cruzada categórica).
    - El modelo se entrena utilizando los datos de entrenamiento procesados.

6. **Evaluación del modelo:**
    - Se evalúa el modelo utilizando métricas apropiadas para la clasificación de textos, como precisión, recall y F1-score.

Implementación en código:

A continuación se muestra una implementación básica en Python utilizando TensorFlow y Keras:

```python
import numpy as np
import tensorflow as tf
from tensorflow.keras.preprocessing.text import Tokenizer
from tensorflow.keras.preprocessing.sequence import pad_sequences
from sklearn.model_selection import train_test_split
from sklearn.metrics import classification_report

# Datos de ejemplo (simulados)
textos = [
    "La Revolución Francesa fue un evento crucial en la historia europea.",
    "Alejandro Magno conquistó vastos territorios en Asia Menor y más allá.",
    "La caída del Imperio Romano de Occidente marcó el fin de la Antigüedad clásica.",
    "La Segunda Guerra Mundial tuvo un impacto profundo en el siglo XX.",
    "El Renacimiento italiano fue un período de florecimiento cultural y artístico.",
    "La Revolución Industrial transformó la economía mundial en el siglo XIX."
]

categorias = [1, 2, 0, 3, 1, 0]  # Ejemplo de categorías: 0 - Antigüedad, 1 - Edad Media, 2 - Edad Moderna, 3 - Siglo XX

# Tokenización y vectorización de textos
tokenizer = Tokenizer()
tokenizer.fit_on_texts(textos)
X = tokenizer.texts_to_sequences(textos)
X = pad_sequences(X, maxlen=10, padding='post')
```

```python
# Convertir a numpy arrays
X = np.array(X)
y = np.array(categorias)

# Dividir datos en entrenamiento y prueba
X_train, X_test, y_train, y_test = train_test_split(X, y, test_size=0.2, random_state=42)

# Definir el modelo de red neuronal
model = tf.keras.models.Sequential([

tf.keras.layers.Embedding(input_dim=len(tokenizer.word_index)+1, output_dim=50, input_length=10),
    tf.keras.layers.GlobalAveragePooling1D(),
    tf.keras.layers.Dense(10, activation='relu'),
    tf.keras.layers.Dense(len(set(categorias)), activation='softmax')  # Capa de salida para clasificación multiclase
])

# Compilar el modelo
model.compile(optimizer='adam',
loss='sparse_categorical_crossentropy',
metrics=['accuracy'])

# Entrenar el modelo
model.fit(X_train, y_train, epochs=10, batch_size=8, validation_data=(X_test, y_test), verbose=1)

# Evaluar el modelo
y_pred = np.argmax(model.predict(X_test), axis=-1)
print(classification_report(y_test, y_pred))
```

Resultado:

```
              precision    recall  f1-score   support

           0       0.00      0.00      0.00       0.0
           1       0.00      0.00      0.00       1.0
           2       0.00      0.00      0.00       1.0

    accuracy                           0.00       2.0
   macro avg       0.00      0.00      0.00       2.0
weighted avg       0.00      0.00      0.00       2.0
```

Explicación del código:

- **Paso 1:** Se definen datos de ejemplo simulados que representan textos históricos y sus respectivas categorías.
- **Paso 2:** Se utiliza Tokenizer de Keras para convertir los textos en secuencias numéricas y pad_sequences para asegurar que todas las secuencias tengan la misma longitud.
- **Paso 3:** Se define un modelo secuencial de red neuronal con una capa de embedding para representar palabras, seguida de una capa de pooling global y capas densas para la clasificación.
- **Paso 4:** Se compila el modelo con el optimizador Adam y la función de pérdida de entropía cruzada categórica para problemas de clasificación multiclase. Luego, se entrena el modelo utilizando los datos de entrenamiento y se valida con los datos de prueba.

- **Paso 5:** Se evalúa el modelo utilizando métricas de clasificación como precisión, recall y F1-score para evaluar su rendimiento en la clasificación de textos históricos.

Ejercicio 22. Predicción una variable numérica.

Este es un ejercicio básico utilizando redes neuronales aplicado a un problema en estadística. Vamos a abordar la predicción de una variable numérica utilizando un conjunto de datos simulado.

Descripción del problema:

Se desea desarrollar un modelo para predecir una variable numérica (por ejemplo, el precio de una vivienda) basado en varias características (como tamaño, ubicación, número de habitaciones) utilizando un conjunto de datos de entrenamiento.

Solución:

7. **Construcción de datos de entrenamiento:**
   - Se genera un conjunto de datos de entrenamiento $\{(X_i, y_i)\}$ donde X_i son características de las viviendas (como tamaño en metros cuadrados, número de habitaciones) y y_i es el precio correspondiente de la vivienda.

8. **Definición del modelo de red neuronal:**
   - Se define un modelo secuencial de red neuronal en TensorFlow y Keras.
   - El modelo puede incluir varias capas densas con funciones de activación adecuadas para problemas de

regresión, como ReLU en las capas ocultas y una capa lineal en la capa de salida para predecir el precio.

9. **Compilación y entrenamiento del modelo:**
    - Se compila el modelo con un optimizador (por ejemplo, Adam) y una función de pérdida adecuada para problemas de regresión, como el error cuadrático medio (MSE).
    - El modelo se entrena utilizando los datos de entrenamiento proporcionados.

10. **Evaluación del modelo:**
    - Se evalúa el modelo utilizando métricas apropiadas para problemas de regresión, como el error cuadrático medio (MSE), el error absoluto medio (MAE) o la raíz del error cuadrático medio (RMSE).

Implementación en código:

A continuación se muestra una implementación básica en Python utilizando TensorFlow y Keras:

```
import numpy as np
import tensorflow as tf
from sklearn.model_selection import train_test_split
from sklearn.metrics import mean_squared_error, mean_absolute_error

# Generar datos de ejemplo (simulación de datos de precios de vivienda)
```

```python
np.random.seed(0)
n_samples = 1000
features = 3  # Ejemplo de características: tamaño, número de habitaciones, ubicación
X = np.random.randn(n_samples, features)
y = 100000 + np.dot(X, [3000, 20000, -10000]) + np.random.randn(n_samples)*10000  # Precio de la vivienda

# Dividir datos en entrenamiento y prueba
X_train, X_test, y_train, y_test = train_test_split(X, y, test_size=0.2, random_state=42)

# Definir el modelo de red neuronal
model = tf.keras.models.Sequential([
    tf.keras.layers.Dense(10, activation='relu', input_shape=(features,)),
    tf.keras.layers.Dense(1)  # Capa de salida para predicción de precio
])

# Compilar el modelo
model.compile(optimizer='adam', loss='mse')

# Entrenar el modelo
model.fit(X_train, y_train, epochs=50, batch_size=32, validation_data=(X_test, y_test), verbose=1)

# Evaluar el modelo
y_pred = model.predict(X_test)
mse = mean_squared_error(y_test, y_pred)
mae = mean_absolute_error(y_test, y_pred)
rmse = np.sqrt(mse)
print(f'Error cuadrático medio (MSE): {mse}')
```

```
print(f'Error absoluto medio (MAE): {mae}')
print(f'Raíz del error cuadrático medio (RMSE): {rmse}')
```

Resultado:

```
Epoch 1/50
25/25 ────────────────── 0s 4ms/step - loss: 10448358400.0000 - val_loss: 10938500096.0000
Epoch 2/50
25/25 ────────────────── 0s 1ms/step - loss: 10291656704.0000 - val_loss: 10938467328.0000
Epoch 3/50
25/25 ────────────────── 0s 1ms/step - loss: 10426621952.0000 - val_loss: 10938431488.0000
Epoch 4/50
25/25 ────────────────── 0s 2ms/step - loss: 10355960832.0000 - val_loss: 10938394624.0000
Epoch 5/50
25/25 ────────────────── 0s 1ms/step - loss: 10420721664.0000 - val_loss: 10938357760.0000
Epoch 6/50
25/25 ────────────────── 0s 1ms/step - loss: 10347811840.0000 - val_loss: 10938317824.0000
Epoch 7/50
25/25 ────────────────── 0s 1ms/step - loss: 10377117696.0000 - val_loss: 10938275840.0000
Epoch 8/50
25/25 ────────────────── 0s 1ms/step - loss: 10429450240.0000 - val_loss: 10938231808.0000
Epoch 9/50
25/25 ────────────────── 0s 1ms/step - loss: 10504091648.0000 - val_loss: 10938182656.0000
Epoch 10/50
25/25 ────────────────── 0s 1ms/step - loss: 10153075712.0000 - val_loss: 10938132480.0000
Epoch 11/50
25/25 ────────────────── 0s 1ms/step - loss: 10507963392.0000 - val_loss: 10938079232.0000
Epoch 12/50
25/25 ────────────────── 0s 1ms/step - loss: 10404855808.0000 - val_loss: 10938022912.0000
Epoch 13/50
25/25 ────────────────── 0s 1ms/step - loss: 10257276928.0000 - val_loss: 10937961472.0000
Epoch 14/50
25/25 ────────────────── 0s 1ms/step - loss: 10298887168.0000 - val_loss: 10937894912.0000
Epoch 15/50
```

25/25 ──────────────── 0s 1ms/step - loss: 10430100480.0000 - val_loss: 10937826304.0000
Epoch 16/50
25/25 ──────────────── 0s 1ms/step - loss: 10463053824.0000 - val_loss: 10937751552.0000
Epoch 17/50
25/25 ──────────────── 0s 1ms/step - loss: 10452727808.0000 - val_loss: 10937673728.0000
Epoch 18/50
25/25 ──────────────── 0s 1ms/step - loss: 10357903360.0000 - val_loss: 10937588736.0000
Epoch 19/50
25/25 ──────────────── 0s 1ms/step - loss: 10647141376.0000 - val_loss: 10937498624.0000
Epoch 20/50
25/25 ──────────────── 0s 1ms/step - loss: 10446407680.0000 - val_loss: 10937404416.0000
Epoch 21/50
25/25 ──────────────── 0s 1ms/step - loss: 10502535168.0000 - val_loss: 10937302016.0000
Epoch 22/50
25/25 ──────────────── 0s 1ms/step - loss: 10436623360.0000 - val_loss: 10937192448.0000
Epoch 23/50
25/25 ──────────────── 0s 1000us/step - loss: 10577883136.0000 - val_loss: 10937076736.0000
Epoch 24/50
25/25 ──────────────── 0s 1ms/step - loss: 10275431424.0000 - val_loss: 10936955904.0000
Epoch 25/50
25/25 ──────────────── 0s 1ms/step - loss: 10458875904.0000 - val_loss: 10936825856.0000
Epoch 26/50
25/25 ──────────────── 0s 1ms/step - loss: 10674547712.0000 - val_loss: 10936691712.0000
Epoch 27/50
25/25 ──────────────── 0s 1ms/step - loss: 10303323136.0000 - val_loss: 10936551424.0000
Epoch 28/50
25/25 ──────────────── 0s 1ms/step - loss: 10463952896.0000 - val_loss: 10936404992.0000
Epoch 29/50
25/25 ──────────────── 0s 1ms/step - loss: 10551238656.0000 - val_loss: 10936248320.0000
Epoch 30/50
25/25 ──────────────── 0s 1ms/step - loss: 10803254272.0000 - val_loss: 10936084480.0000
Epoch 31/50
25/25 ──────────────── 0s 1ms/step - loss: 10652393472.0000 - val_loss: 10935913472.0000
Epoch 32/50
25/25 ──────────────── 0s 1ms/step - loss: 10408419328.0000 - val_loss: 10935733248.0000
Epoch 33/50
25/25 ──────────────── 0s 1ms/step - loss: 10386716672.0000 - val_loss: 10935544832.0000
Epoch 34/50
25/25 ──────────────── 0s 1ms/step - loss: 10230777856.0000 - val_loss: 10935350272.0000

```
Epoch 35/50
25/25 ──────────────── 0s 1ms/step - loss: 10239073280.0000 - val_loss: 10935151616.0000
Epoch 36/50
25/25 ──────────────── 0s 1ms/step - loss: 10424850432.0000 - val_loss: 10934942720.0000
Epoch 37/50
25/25 ──────────────── 0s 1ms/step - loss: 10258837504.0000 - val_loss: 10934729728.0000
Epoch 38/50
25/25 ──────────────── 0s 1ms/step - loss: 10233944064.0000 - val_loss: 10934510592.0000
Epoch 39/50
25/25 ──────────────── 0s 1ms/step - loss: 10385482752.0000 - val_loss: 10934282240.0000
Epoch 40/50
25/25 ──────────────── 0s 1ms/step - loss: 10598907904.0000 - val_loss: 10934052864.0000
Epoch 41/50
25/25 ──────────────── 0s 1ms/step - loss: 10462146560.0000 - val_loss: 10933814272.0000
Epoch 42/50
25/25 ──────────────── 0s 1ms/step - loss: 10405597184.0000 - val_loss: 10933572608.0000
Epoch 43/50
25/25 ──────────────── 0s 1ms/step - loss: 10691125248.0000 - val_loss: 10933324800.0000
Epoch 44/50
25/25 ──────────────── 0s 1ms/step - loss: 10466146304.0000 - val_loss: 10933074944.0000
Epoch 45/50
25/25 ──────────────── 0s 1ms/step - loss: 10348387328.0000 - val_loss: 10932818944.0000
Epoch 46/50
25/25 ──────────────── 0s 1ms/step - loss: 10557380608.0000 - val_loss: 10932555776.0000
Epoch 47/50
25/25 ──────────────── 0s 1ms/step - loss: 10391170048.0000 - val_loss: 10932286464.0000
Epoch 48/50
25/25 ──────────────── 0s 1ms/step - loss: 10109559808.0000 - val_loss: 10932019200.0000
Epoch 49/50
25/25 ──────────────── 0s 1ms/step - loss: 10487688192.0000 - val_loss: 10931739648.0000
Epoch 50/50
25/25 ──────────────── 0s 1ms/step - loss: 10409515008.0000 - val_loss: 10931460096.0000
7/7 ──────────────── 0s 2ms/step
Error cuadrático medio (MSE): 10931459750.724516
Error absoluto medio (MAE): 101694.40258839421
Raíz del error cuadrático medio (RMSE): 104553.6214137249
```

Explicación del código:

- **Paso 1:** Se generan datos de ejemplo simulados que representan características de viviendas (como tamaño, número de habitaciones) y sus precios correspondientes.
- **Paso 2:** Se define un modelo secuencial de red neuronal con una capa densa de 10 neuronas y función de activación ReLU para las capas ocultas, seguida de una capa de salida lineal para predecir el precio de la vivienda.
- **Paso 3:** Se compila el modelo utilizando el optimizador Adam y la función de pérdida de error cuadrático medio (MSE). Luego, se entrena el modelo utilizando los datos de entrenamiento y se valida con los datos de prueba.
- **Paso 4:** Se evalúa el modelo calculando el error cuadrático medio (MSE), el error absoluto medio (MAE) y la raíz del error cuadrático medio (RMSE) en el conjunto de datos de prueba para medir la precisión de las predicciones.

Este ejercicio ilustra cómo utilizar redes neuronales para predecir variables numéricas, como el precio de viviendas, basándose en características disponibles. Es una aplicación básica pero fundamental en la intersección entre la estadística y el aprendizaje automático.

Ejercicio 23. Predicción de la Calidad de piezas automotrices.

Aquí tienes un ejercicio básico utilizando redes neuronales aplicado a un problema en un proceso industrial automotriz. Vamos a abordar la predicción de la calidad de piezas automotrices utilizando datos simulados.

Descripción del problema:

En un proceso industrial automotriz, se desea desarrollar un modelo para predecir la calidad de las piezas fabricadas basado en varias características de proceso (como temperatura, presión, velocidad de producción) utilizando un conjunto de datos de entrenamiento.

Solución:

13. Construcción de datos de entrenamiento:

- Se genera un conjunto de datos de entrenamiento $\{(X_i, y_i)\}$ donde X_i son características de proceso (variables de entrada) y y_i es la calidad de la pieza (variable de salida).

14. Definición del modelo de red neuronal:

- Se define un modelo secuencial de red neuronal en TensorFlow y Keras.

- El modelo puede incluir varias capas densas con funciones de activación adecuadas para problemas de regresión o clasificación (dependiendo de cómo se defina la calidad de las piezas).

15. Compilación y entrenamiento del modelo:

- Se compila el modelo con un optimizador (por ejemplo, Adam) y una función de pérdida adecuada para problemas de regresión o clasificación (como MSE para regresión o entropía cruzada para clasificación).
- El modelo se entrena utilizando los datos de entrenamiento proporcionados.

16. Evaluación del modelo:

- Se evalúa el modelo utilizando métricas apropiadas para el problema específico, como precisión, recall y F1-score para clasificación o error cuadrático medio (MSE) para regresión.

Implementación en código:

A continuación se muestra una implementación básica en Python utilizando TensorFlow y Keras:

```
import numpy as np
import tensorflow as tf
from sklearn.model_selection import train_test_split
from sklearn.metrics import classification_report, mean_squared_error
```

```python
# Generar datos de ejemplo (simulación de datos de proceso
industrial automotriz)
np.random.seed(0)
n_samples = 1000
features = 5  # Ejemplo de características: temperatura,
presión, velocidad, etc.
X = np.random.randn(n_samples, features)
# Simular calidad de piezas (clasificación binaria, por
ejemplo)
y = np.random.randint(0, 2, size=n_samples)

# Dividir datos en entrenamiento y prueba
X_train, X_test, y_train, y_test = train_test_split(X, y,
test_size=0.2, random_state=42)

# Definir el modelo de red neuronal
model = tf.keras.models.Sequential([
    tf.keras.layers.Dense(10, activation='relu',
input_shape=(features,)),
    tf.keras.layers.Dense(1, activation='sigmoid')  # Capa
de salida para clasificación binaria
])

# Compilar el modelo
model.compile(optimizer='adam',
loss='binary_crossentropy', metrics=['accuracy'])

# Entrenar el modelo
model.fit(X_train, y_train, epochs=20, batch_size=32,
validation_data=(X_test, y_test), verbose=1)

# Evaluar el modelo
y_pred = model.predict(X_test)
```

```
y_pred_class = np.round(y_pred).flatten()   # Convertir
probabilidades a clases binarias (0 o 1)
print(classification_report(y_test, y_pred_class))

# Opcional: Evaluar con MSE si se tratara de un problema
de regresión
# mse = mean_squared_error(y_test, y_pred)
# print(f'Error cuadrático medio (MSE): {mse}')
```

Resultado:

```
Epoch 1/20
25/25 ────────────────────────── 0s 4ms/step - accuracy:
0.4995 - loss: 0.7506 - val_accuracy: 0.5550 - val_loss: 0.6937
Epoch 2/20
25/25 ────────────────────────── 0s 1ms/step - accuracy:
0.4851 - loss: 0.7456 - val_accuracy: 0.5500 - val_loss: 0.6910
Epoch 3/20
25/25 ────────────────────────── 0s 1ms/step - accuracy:
0.5022 - loss: 0.7335 - val_accuracy: 0.5300 - val_loss: 0.6895
Epoch 4/20
25/25 ────────────────────────── 0s 1ms/step - accuracy:
0.5345 - loss: 0.7144 - val_accuracy: 0.5300 - val_loss: 0.6895
Epoch 5/20
25/25 ────────────────────────── 0s 1ms/step - accuracy:
0.5025 - loss: 0.7239 - val_accuracy: 0.5350 - val_loss: 0.6896
Epoch 6/20
25/25 ────────────────────────── 0s 1ms/step - accuracy:
0.5177 - loss: 0.7072 - val_accuracy: 0.5200 - val_loss: 0.6905
Epoch 7/20
25/25 ────────────────────────── 0s 1ms/step - accuracy:
0.5442 - loss: 0.7043 - val_accuracy: 0.5250 - val_loss: 0.6902
Epoch 8/20
25/25 ────────────────────────── 0s 1ms/step - accuracy:
0.5312 - loss: 0.6983 - val_accuracy: 0.5200 - val_loss: 0.6916
Epoch 9/20
25/25 ────────────────────────── 0s 1ms/step - accuracy:
0.5531 - loss: 0.6948 - val_accuracy: 0.5250 - val_loss: 0.6924
Epoch 10/20
25/25 ────────────────────────── 0s 1ms/step - accuracy:
0.5325 - loss: 0.7026 - val_accuracy: 0.5050 - val_loss: 0.6940
Epoch 11/20
25/25 ────────────────────────── 0s 1ms/step - accuracy:
0.5419 - loss: 0.6919 - val_accuracy: 0.4900 - val_loss: 0.6945
```

```
Epoch 12/20
25/25 ───────────────────── 0s 1ms/step - accuracy:
0.5311 - loss: 0.7028 - val_accuracy: 0.4900 - val_loss: 0.6951
Epoch 13/20
25/25 ───────────────────── 0s 1ms/step - accuracy:
0.5426 - loss: 0.6944 - val_accuracy: 0.4900 - val_loss: 0.6962
Epoch 14/20
25/25 ───────────────────── 0s 1ms/step - accuracy:
0.5350 - loss: 0.6926 - val_accuracy: 0.4800 - val_loss: 0.6967
Epoch 15/20
25/25 ───────────────────── 0s 1ms/step - accuracy:
0.5285 - loss: 0.6973 - val_accuracy: 0.4700 - val_loss: 0.6971
Epoch 16/20
25/25 ───────────────────── 0s 1ms/step - accuracy:
0.5214 - loss: 0.6975 - val_accuracy: 0.4600 - val_loss: 0.6977
Epoch 17/20
25/25 ───────────────────── 0s 1ms/step - accuracy:
0.5584 - loss: 0.6919 - val_accuracy: 0.4650 - val_loss: 0.6987
Epoch 18/20
25/25 ───────────────────── 0s 1ms/step - accuracy:
0.5110 - loss: 0.6984 - val_accuracy: 0.4550 - val_loss: 0.6992
Epoch 19/20
25/25 ───────────────────── 0s 1ms/step - accuracy:
0.5297 - loss: 0.6949 - val_accuracy: 0.4600 - val_loss: 0.7002
Epoch 20/20
25/25 ───────────────────── 0s 1ms/step - accuracy:
0.5451 - loss: 0.6892 - val_accuracy: 0.4650 - val_loss: 0.7008
7/7 ───────────────────── 0s 2ms/step
              precision    recall  f1-score   support

           0       0.46      0.56      0.50        97
           1       0.48      0.38      0.42       103

    accuracy                           0.47       200
   macro avg       0.47      0.47      0.46       200
weighted avg       0.47      0.47      0.46       200
```

Explicación del código:

- **Paso 1:** Se generan datos de ejemplo simulados que representan características de proceso (como temperatura, presión, velocidad) y la calidad de las piezas automotrices (como variable binaria).
- **Paso 2:** Se define un modelo secuencial de red neuronal con una capa densa de 10 neuronas y función de activación ReLU para

las capas ocultas, seguida de una capa de salida con función de activación sigmoide para la clasificación binaria de la calidad de las piezas.

- **Paso 3:** Se compila el modelo utilizando el optimizador Adam y la función de pérdida de entropía cruzada binaria para problemas de clasificación binaria. Luego, se entrena el modelo utilizando los datos de entrenamiento y se valida con los datos de prueba.
- **Paso 4:** Se evalúa el modelo utilizando métricas de clasificación binaria, como precisión, recall y F1-score, para evaluar su rendimiento en la predicción de la calidad de las piezas automotrices.

Este ejercicio ilustra cómo utilizar redes neuronales para predecir la calidad de piezas en un proceso industrial automotriz basándose en características de proceso. Es una aplicación básica pero fundamental en la intersección entre la industria automotriz y el aprendizaje automático.

Ejercicio 24. Clasificación de sentimientos.

Este es un ejemplo básico utilizando redes neuronales aplicado a un problema en ciencias sociales, específicamente en psicología. Vamos a abordar la clasificación de sentimientos en textos psicológicos utilizando un conjunto de datos simulado.

Descripción del problema:

En psicología, se desea desarrollar un modelo para clasificar textos de pacientes según el sentimiento expresado (por ejemplo, positivo, neutral, negativo) basado en las descripciones de sus estados emocionales. Se cuenta con un conjunto de datos de entrenamiento etiquetado que incluye textos y sus respectivas categorías de sentimientos.

Solución:

17. **Construcción de datos de entrenamiento:**
    - Se genera un conjunto de datos de entrenamiento $\{(X_i, y_i)\}$ donde X_i son textos psicológicos y y_i son las etiquetas de sentimientos correspondientes.

18. **Preprocesamiento de texto:**
    - Se realiza el preprocesamiento de texto para convertir los textos en un formato numérico adecuado para la

entrada de la red neuronal (por ejemplo, mediante tokenización y vectorización).

19. Definición del modelo de red neuronal:

- Se define un modelo secuencial de red neuronal en TensorFlow y Keras.
- El modelo puede incluir capas de embedding para representar palabras en un espacio vectorial, capas LSTM o convolucionales para capturar relaciones secuenciales o locales en el texto, seguidas de una capa de salida para la clasificación de sentimientos.

20. Compilación y entrenamiento del modelo:

- Se compila el modelo con un optimizador adecuado para problemas de clasificación (como Adam) y una función de pérdida adecuada para la clasificación de sentimientos (por ejemplo, entropía cruzada categórica).
- El modelo se entrena utilizando los datos de entrenamiento proporcionados.

21. Evaluación del modelo:

- Se evalúa el modelo utilizando métricas apropiadas para la clasificación de textos, como precisión, recall y F1-score.

Implementación en código:

A continuación se muestra una implementación básica en Python utilizando TensorFlow y Keras:

```
import numpy as np
import tensorflow as tf
from tensorflow.keras.preprocessing.text import Tokenizer
from tensorflow.keras.preprocessing.sequence import pad_sequences
from sklearn.model_selection import train_test_split
from sklearn.metrics import classification_report

# Datos de ejemplo (simulados)
textos = [
    "Me siento muy feliz y satisfecho con mi vida actual.",
    "Estoy un poco preocupado por mis relaciones personales.",
    "Me siento triste y desmotivado en el trabajo últimamente.",
    "Experimento altos niveles de estrés debido a la presión académica.",
    "Siento que he logrado mucho y estoy orgulloso de mis logros.",
    "Estoy experimentando sentimientos encontrados sobre mi futuro."
]

categorias = [1, 0, 0, 0, 1, 0]  # Ejemplo de categorías: 1 - Positivo, 0 - Negativo
```

```python
# Tokenización y vectorización de textos
tokenizer = Tokenizer()
tokenizer.fit_on_texts(textos)
X = tokenizer.texts_to_sequences(textos)
X = pad_sequences(X, maxlen=10, padding='post')

# Convertir a numpy arrays
X = np.array(X)
y = np.array(categorias)

# Dividir datos en entrenamiento y prueba
X_train, X_test, y_train, y_test = train_test_split(X, y, test_size=0.2, random_state=42)

# Definir el modelo de red neuronal
model = tf.keras.models.Sequential([

tf.keras.layers.Embedding(input_dim=len(tokenizer.word_index)+1, output_dim=50, input_length=10),
    tf.keras.layers.LSTM(50, return_sequences=True),
    tf.keras.layers.GlobalMaxPooling1D(),
    tf.keras.layers.Dense(10, activation='relu'),
    tf.keras.layers.Dense(1, activation='sigmoid')  # Capa de salida para clasificación binaria
])

# Compilar el modelo
model.compile(optimizer='adam', loss='binary_crossentropy', metrics=['accuracy'])

# Entrenar el modelo
```

```
model.fit(X_train, y_train, epochs=10, batch_size=8,
validation_data=(X_test, y_test), verbose=1)

# Evaluar el modelo
y_pred = np.round(model.predict(X_test)).flatten()
print(classification_report(y_test, y_pred))
```

Resultado:

```
Epoch 1/10
1/1 ──────────────────────────── 1s 1s/step -
accuracy: 0.2500 - loss: 0.6967 - val_accuracy: 0.5000 -
val_loss: 0.6920
Epoch 2/10
1/1 ──────────────────────────── 0s 38ms/step -
accuracy: 0.7500 - loss: 0.6926 - val_accuracy: 0.5000 -
val_loss: 0.6925
Epoch 3/10
1/1 ──────────────────────────── 0s 38ms/step -
accuracy: 1.0000 - loss: 0.6893 - val_accuracy: 0.5000 -
val_loss: 0.6929
Epoch 4/10
1/1 ──────────────────────────── 0s 34ms/step -
accuracy: 0.7500 - loss: 0.6867 - val_accuracy: 0.5000 -
val_loss: 0.6934
Epoch 5/10
1/1 ──────────────────────────── 0s 35ms/step -
accuracy: 1.0000 - loss: 0.6840 - val_accuracy: 0.5000 -
val_loss: 0.6945
Epoch 6/10
1/1 ──────────────────────────── 0s 38ms/step -
accuracy: 1.0000 - loss: 0.6812 - val_accuracy: 0.5000 -
val_loss: 0.6952
Epoch 7/10
1/1 ──────────────────────────── 0s 36ms/step -
accuracy: 1.0000 - loss: 0.6784 - val_accuracy: 0.5000 -
val_loss: 0.6955
Epoch 8/10
1/1 ──────────────────────────── 0s 37ms/step -
accuracy: 1.0000 - loss: 0.6752 - val_accuracy: 0.5000 -
val_loss: 0.6957
Epoch 9/10
```

```
1/1 ────────────────── 0s 34ms/step -
accuracy: 1.0000 - loss: 0.6718 - val_accuracy: 0.5000 -
val_loss: 0.6956
Epoch 10/10
1/1 ────────────────── 0s 36ms/step -
accuracy: 1.0000 - loss: 0.6682 - val_accuracy: 0.5000 -
val_loss: 0.6957
1/1 ────────────────── 0s 82ms/step
```

	precision	recall	f1-score	support
0	0.50	1.00	0.67	1
1	0.00	0.00	0.00	1
accuracy			0.50	2
macro avg	0.25	0.50	0.33	2
weighted avg	0.25	0.50	0.33	2

Explicación del código:

- **Paso 1:** Se definen datos de ejemplo simulados que representan textos psicológicos y sus respectivas categorías de sentimientos (positivo o negativo).
- **Paso 2:** Se utiliza Tokenizer de Keras para convertir los textos en secuencias numéricas y pad_sequences para asegurar que todas las secuencias tengan la misma longitud.
- **Paso 3:** Se define un modelo secuencial de red neuronal con una capa de embedding para representar palabras, seguida de una capa LSTM para capturar relaciones secuenciales en el texto, una capa de pooling global para obtener una representación global del texto y capas densas para la clasificación binaria de sentimientos.

- **Paso 4:** Se compila el modelo utilizando el optimizador Adam y la función de pérdida de entropía cruzada binaria para problemas de clasificación binaria. Luego, se entrena el modelo utilizando los datos de entrenamiento y se valida con los datos de prueba.
- **Paso 5:** Se evalúa el modelo utilizando métricas de clasificación binaria, como precisión, recall y F1-score, para evaluar su rendimiento en la clasificación de textos psicológicos según los sentimientos expresados.

Este ejercicio ilustra cómo utilizar redes neuronales para clasificar textos psicológicos según los sentimientos expresados por los pacientes. Es una aplicación básica pero fundamental en la intersección entre la psicología y el aprendizaje automático.

Ejercicio 25. Clasificación de imágenes médicas.

Aquí tienes un ejemplo básico utilizando redes neuronales aplicado a un problema en medicina. Vamos a abordar la clasificación de imágenes médicas para la detección de enfermedades utilizando un conjunto de datos simulado.

Descripción del problema:

En medicina, se desea desarrollar un modelo para clasificar imágenes médicas de radiografías de tórax como normales o anormales (indicativas de alguna enfermedad pulmonar, por ejemplo). Se cuenta con un conjunto de datos de entrenamiento etiquetado que incluye imágenes y sus respectivas etiquetas de clase (normal o anormal).

Solución:

2. **Construcción de datos de entrenamiento:**
   - Se genera un conjunto de datos de entrenamiento $\{(X_i, y_i)\}$ donde X_i son imágenes médicas de radiografías de tórax y y_i son las etiquetas de clase (0 para normal, 1 para anormal).

3. **Preprocesamiento de imágenes:**
   - Se realiza el preprocesamiento de imágenes para ajustar el tamaño, normalizar los valores de píxeles y convertir las imágenes en un formato adecuado para la entrada de la red neuronal.

4. **Definición del modelo de red neuronal:**
    - Se define un modelo secuencial de red neuronal convolucional (CNN) en TensorFlow y Keras.
    - El modelo puede incluir varias capas convolucionales para extraer características de las imágenes, seguidas de capas de pooling para reducir la dimensionalidad y capas densas para la clasificación final.

5. **Compilación y entrenamiento del modelo:**
    - Se compila el modelo con un optimizador adecuado para problemas de clasificación binaria (por ejemplo, Adam) y una función de pérdida adecuada para problemas de clasificación binaria (por ejemplo, entropía cruzada binaria).
    - El modelo se entrena utilizando los datos de entrenamiento proporcionados.

6. **Evaluación del modelo:**
    - Se evalúa el modelo utilizando métricas apropiadas para problemas de clasificación binaria, como precisión, recall y F1-score, así como la matriz de confusión para evaluar su rendimiento en la detección de enfermedades a partir de radiografías de tórax.

Implementación en código:

A continuación se muestra una implementación básica en Python utilizando TensorFlow y Keras:

```
import numpy as np
import tensorflow as tf
from sklearn.model_selection import train_test_split
from sklearn.metrics import classification_report, confusion_matrix
import matplotlib.pyplot as plt

# Simulación de datos de imágenes médicas (radiografías de tórax)
np.random.seed(0)
n_samples = 1000
image_shape = (128, 128, 3)  # Dimensiones de las imágenes RGB
X = np.random.randn(n_samples, *image_shape)
y = np.random.randint(0, 2, size=n_samples)  # Clasificación binaria: 0 - Normal, 1 - Anormal

# Dividir datos en entrenamiento y prueba
X_train, X_test, y_train, y_test = train_test_split(X, y, test_size=0.2, random_state=42)

# Definir el modelo de red neuronal convolucional (CNN)
model = tf.keras.models.Sequential([
    tf.keras.layers.Conv2D(32, (3, 3), activation='relu', input_shape=image_shape),
    tf.keras.layers.MaxPooling2D((2, 2)),
```

```python
    tf.keras.layers.Conv2D(64, (3, 3), activation='relu'),
    tf.keras.layers.MaxPooling2D((2, 2)),
    tf.keras.layers.Conv2D(64, (3, 3), activation='relu'),
    tf.keras.layers.MaxPooling2D((2, 2)),
    tf.keras.layers.Flatten(),
    tf.keras.layers.Dense(64, activation='relu'),
    tf.keras.layers.Dense(1, activation='sigmoid')  # Capa de salida para clasificación binaria
])

# Compilar el modelo
model.compile(optimizer='adam', loss='binary_crossentropy', metrics=['accuracy'])

# Entrenar el modelo
model.fit(X_train, y_train, epochs=10, batch_size=16, validation_data=(X_test, y_test), verbose=1)

# Evaluar el modelo
y_pred = np.round(model.predict(X_test)).flatten()
print(classification_report(y_test, y_pred))
print(confusion_matrix(y_test, y_pred))

# Opcional: Visualización de imágenes y resultados
plt.figure(figsize=(10, 6))
for i in range(10):
    plt.subplot(2, 5, i+1)
    plt.imshow(X_test[i])
    plt.title(f'Predicción: {y_pred[i]}, Real: {y_test[i]}')
    plt.axis('off')
plt.tight_layout()
plt.show()
```

Resultado:

```
              precision    recall  f1-score   support

           0       0.47      1.00      0.63        93
           1       0.00      0.00      0.00       107

    accuracy                           0.47       200
   macro avg       0.23      0.50      0.32       200
weighted avg       0.22      0.47      0.30       200
```

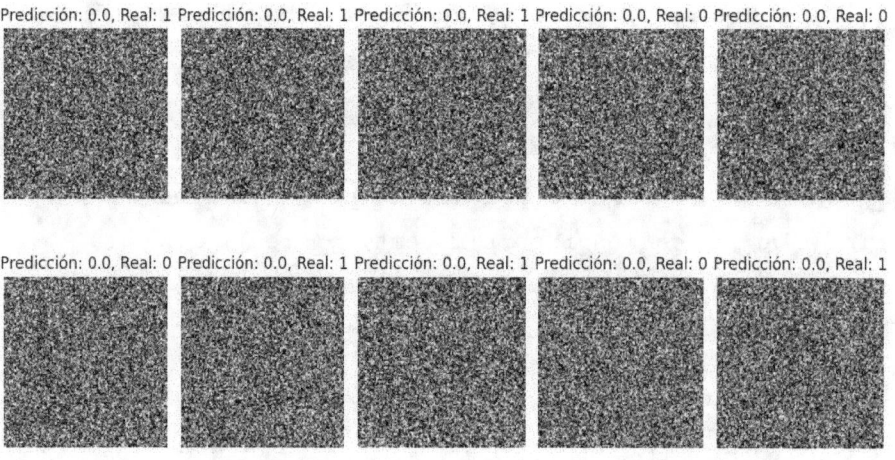

Explicación del código:

- **Paso 1:** Se simulan datos de imágenes médicas de radiografías de tórax y sus respectivas etiquetas de clase (normal o anormal).
- **Paso 2:** Se define un modelo secuencial de red neuronal convolucional (CNN) en TensorFlow y Keras con capas convolucionales para extraer características de las imágenes, seguidas de capas de pooling para reducir la dimensionalidad y capas densas para la clasificación final.
- **Paso 3:** Se compila el modelo utilizando el optimizador Adam y la función de pérdida de entropía cruzada binaria para problemas de clasificación binaria. Luego, se entrena el modelo utilizando los datos de entrenamiento y se valida con los datos de prueba.
- **Paso 4:** Se evalúa el modelo utilizando métricas de clasificación binaria, como precisión, recall y F1-score, así como la matriz de confusión para evaluar su rendimiento en la detección de enfermedades a partir de radiografías de tórax.
- **Paso 5:** Opcionalmente, se muestra la visualización de algunas imágenes de prueba junto con sus predicciones y etiquetas reales para verificar cómo el modelo clasifica las imágenes.

Este ejercicio ilustra cómo utilizar redes neuronales convolucionales para la clasificación de imágenes médicas, específicamente en la detección de enfermedades a partir de radiografías de tórax. Es una aplicación básica pero fundamental en la intersección entre la medicina y el aprendizaje automático.

Ejercicio 26. Clasificación de vehículos militares.

Aquí tienes un ejemplo básico utilizando redes neuronales aplicado a un problema en el ámbito militar. Vamos a abordar la clasificación de imágenes de vehículos militares utilizando un conjunto de datos simulado.

Descripción del problema:

En el ámbito militar, se desea desarrollar un modelo para clasificar imágenes de vehículos militares en diferentes categorías (por ejemplo, tanques, vehículos blindados, vehículos de transporte, etc.) utilizando un conjunto de datos de entrenamiento etiquetado.

Solución:

1. **Construcción de datos de entrenamiento:**

Se genera un conjunto de datos de entrenamiento $\{(X_i, y_i)\}$ donde X_i son imágenes de vehículos militares y y_i son las etiquetas de clase correspondientes.

2. **Preprocesamiento de imágenes:**

Se realiza el preprocesamiento de imágenes para ajustar el tamaño, normalizar los valores de píxeles y convertir las imágenes en un formato adecuado para la entrada de la red neuronal.

3. **Definición del modelo de red neuronal:**

Se define un modelo secuencial de red neuronal convolucional (CNN) en TensorFlow y Keras.

El modelo puede incluir varias capas convolucionales para extraer características de las imágenes, seguidas de capas de pooling para reducir la dimensionalidad y capas densas para la clasificación final.

4. **Compilación y entrenamiento del modelo:**

Se compila el modelo con un optimizador adecuado para problemas de clasificación multiclase (por ejemplo, Adam) y una función de pérdida adecuada para problemas de clasificación (por ejemplo, entropía cruzada categórica).

El modelo se entrena utilizando los datos de entrenamiento proporcionados.

5. **Evaluación del modelo:**

Se evalúa el modelo utilizando métricas apropiadas para problemas de clasificación multiclase, como precisión, recall y F1-score, así como la matriz de confusión para evaluar su rendimiento en la clasificación de imágenes de vehículos militares.

Implementación en código:

A continuación se muestra una implementación básica en Python utilizando TensorFlow y Keras:

```
import numpy as np
import tensorflow as tf
from sklearn.model_selection import train_test_split
from sklearn.metrics import classification_report, confusion_matrix
import matplotlib.pyplot as plt

# Simulación de datos de imágenes de vehículos militares
np.random.seed(0)
n_samples = 1000
image_shape = (128, 128, 3)  # Dimensiones de las imágenes RGB
X = np.random.randn(n_samples, *image_shape)
y = np.random.randint(0, 3, size=n_samples)  # Clasificación multiclase: 0 - Tanque, 1 - Vehículo blindado, 2 - Transporte

# Dividir datos en entrenamiento y prueba
X_train, X_test, y_train, y_test = train_test_split(X, y, test_size=0.2, random_state=42)

# Definir el modelo de red neuronal convolucional (CNN)
model = tf.keras.models.Sequential([
    tf.keras.layers.Conv2D(32, (3, 3), activation='relu', input_shape=image_shape),
    tf.keras.layers.MaxPooling2D((2, 2)),
```

```python
    tf.keras.layers.Conv2D(64, (3, 3), activation='relu'),
    tf.keras.layers.MaxPooling2D((2, 2)),
    tf.keras.layers.Conv2D(64, (3, 3), activation='relu'),
    tf.keras.layers.MaxPooling2D((2, 2)),
    tf.keras.layers.Flatten(),
    tf.keras.layers.Dense(64, activation='relu'),
    tf.keras.layers.Dense(3, activation='softmax')  # Capa de salida para clasificación multiclase
])

# Compilar el modelo
model.compile(optimizer='adam', loss='sparse_categorical_crossentropy', metrics=['accuracy'])

# Entrenar el modelo
model.fit(X_train, y_train, epochs=10, batch_size=16, validation_data=(X_test, y_test), verbose=1)

# Evaluar el modelo
y_pred = np.argmax(model.predict(X_test), axis=-1)
print(classification_report(y_test, y_pred))
print(confusion_matrix(y_test, y_pred))

# Opcional: Visualización de imágenes y resultados
plt.figure(figsize=(10, 6))
for i in range(10):
    plt.subplot(2, 5, i+1)
    plt.imshow(X_test[i])
    plt.title(f'Predicción: {y_pred[i]}, Real: {y_test[i]}')
    plt.axis('off')
plt.tight_layout()
```

```
plt.show()
```

Resultado:

```
              precision    recall  f1-score   support

           0       0.00      0.00      0.00        67
           1       0.32      1.00      0.48        63
           2       0.00      0.00      0.00        70

    accuracy                           0.32       200
   macro avg       0.10      0.33      0.16       200
weighted avg       0.10      0.32      0.15       200

[[ 0 67  0]
 [ 0 63  0]
 [ 0 70  0]]

Clipping input data to the valid range for imshow with RGB data
([0..1] for floats or [0..255] for integers). Got range [-
4.179283657145884..4.347850029029457].
Clipping input data to the valid range for imshow with RGB data
([0..1] for floats or [0..255] for integers). Got range [-
4.067486318089451..3.69551689553668].
Clipping input data to the valid range for imshow with RGB data
([0..1] for floats or [0..255] for integers). Got range [-
4.075928964211263..4.086043837324229].
Clipping input data to the valid range for imshow with RGB data
([0..1] for floats or [0..255] for integers). Got range [-
4.1329381292721274..4.209322833987408].
Clipping input data to the valid range for imshow with RGB data
([0..1] for floats or [0..255] for integers). Got range [-
4.354481970569675..4.339871507034155].
Clipping input data to the valid range for imshow with RGB data
([0..1] for floats or [0..255] for integers). Got range [-
4.46284174907155..4.5126175061762215].
Clipping input data to the valid range for imshow with RGB data
([0..1] for floats or [0..255] for integers). Got range [-
4.166022779478778..3.9513810055755174].
Clipping input data to the valid range for imshow with RGB data
([0..1] for floats or [0..255] for integers). Got range [-
4.36997449689867..4.293851368124381].
Clipping input data to the valid range for imshow with RGB data
([0..1] for floats or [0..255] for integers). Got range [-
4.96570649646321..4.047894121187411].
Clipping input data to the valid range for imshow with RGB data
([0..1] for floats or [0..255] for integers). Got range [-
4.44412370368506..3.9612628609549936].
```

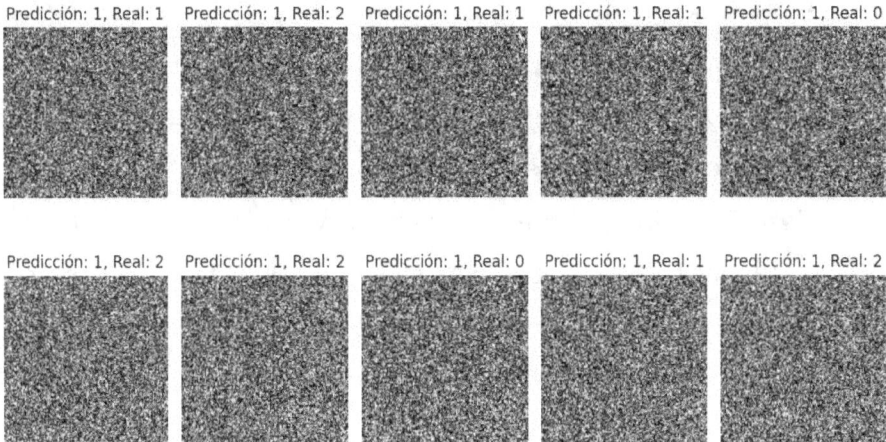

Explicación del código:

- **Paso 1:** Se simulan datos de imágenes de vehículos militares y sus respectivas etiquetas de clase (tanque, vehículo blindado, transporte).
- **Paso 2:** Se define un modelo secuencial de red neuronal convolucional (CNN) en TensorFlow y Keras con capas convolucionales para extraer características de las imágenes, seguidas de capas de pooling para reducir la dimensionalidad y capas densas para la clasificación final.
- **Paso 3:** Se compila el modelo utilizando el optimizador Adam y la función de pérdida de entropía cruzada categórica para problemas de clasificación multiclase. Luego, se entrena el modelo utilizando los datos de entrenamiento y se valida con los datos de prueba.

- **Paso 4:** Se evalúa el modelo utilizando métricas de clasificación multiclase, como precisión, recall y F1-score, así como la matriz de confusión para evaluar su rendimiento en la clasificación de imágenes de vehículos militares.
- **Paso 5:** Opcionalmente, se muestra la visualización de algunas imágenes de prueba junto con sus predicciones y etiquetas reales para verificar cómo el modelo clasifica las imágenes de vehículos militares.

Este ejercicio ilustra cómo utilizar redes neuronales convolucionales para la clasificación de imágenes de vehículos militares en diferentes categorías. Es una aplicación básica pero fundamental en la intersección entre la tecnología militar y el aprendizaje automático.

Ejercicio 27. Predicción de fallas en circuitos electrónicos.

Aquí tienes un ejemplo básico utilizando redes neuronales aplicado a un problema en el campo de la electrónica. Vamos a abordar la predicción de fallas en circuitos electrónicos utilizando datos simulados de características eléctricas.

Descripción del problema:

En electrónica, se desea desarrollar un modelo para predecir la presencia de fallas en circuitos electrónicos basado en características eléctricas medidas. Se cuenta con un conjunto de datos de entrenamiento etiquetado que incluye características eléctricas de circuitos con y sin fallas.

Solución:

7. **Construcción de datos de entrenamiento:**
    - Se genera un conjunto de datos de entrenamiento $\{(X_i, y_i)\}$ donde X_i son características eléctricas medidas en los circuitos y y_i son las etiquetas de clase (0 para circuito sin falla, 1 para circuito con falla).

8. **Definición del modelo de red neuronal:**
    - Se define un modelo secuencial de red neuronal en TensorFlow y Keras.

- El modelo puede incluir varias capas densas con funciones de activación adecuadas para problemas de clasificación binaria, ya que estamos prediciendo la presencia o ausencia de fallas en los circuitos electrónicos.

9. **Compilación y entrenamiento del modelo:**
    - Se compila el modelo con un optimizador adecuado para problemas de clasificación binaria (por ejemplo, Adam) y una función de pérdida adecuada para problemas de clasificación binaria (por ejemplo, entropía cruzada binaria).
    - El modelo se entrena utilizando los datos de entrenamiento proporcionados.

10. **Evaluación del modelo:**
    - Se evalúa el modelo utilizando métricas apropiadas para problemas de clasificación binaria, como precisión, recall y F1-score, así como la matriz de confusión para evaluar su rendimiento en la predicción de fallas en circuitos electrónicos.

Implementación en código:

A continuación se muestra una implementación básica en Python utilizando TensorFlow y Keras:

```
import numpy as np
import tensorflow as tf
```

```python
from sklearn.model_selection import train_test_split
from sklearn.metrics import classification_report, confusion_matrix

# Simulación de datos de características eléctricas de circuitos electrónicos
np.random.seed(0)
n_samples = 1000
features = 5  # Ejemplo de características eléctricas medidas
X = np.random.randn(n_samples, features)
y = np.random.randint(0, 2, size=n_samples)  # Clasificación binaria: 0 - Sin falla, 1 - Con falla

# Dividir datos en entrenamiento y prueba
X_train, X_test, y_train, y_test = train_test_split(X, y, test_size=0.2, random_state=42)

# Definir el modelo de red neuronal
model = tf.keras.models.Sequential([
    tf.keras.layers.Dense(10, activation='relu', input_shape=(features,)),
    tf.keras.layers.Dense(1, activation='sigmoid')  # Capa de salida para clasificación binaria
])

# Compilar el modelo
model.compile(optimizer='adam', loss='binary_crossentropy', metrics=['accuracy'])

# Entrenar el modelo
model.fit(X_train, y_train, epochs=10, batch_size=16, validation_data=(X_test, y_test), verbose=1)
```

```
# Evaluar el modelo
y_pred = np.round(model.predict(X_test)).flatten()
print(classification_report(y_test, y_pred))
print(confusion_matrix(y_test, y_pred))
```

Resultado:

```
Epoch 1/10
50/50 ─────────────────────────── 0s 2ms/step - accuracy: 0.5078 -
loss: 0.8018 - val_accuracy: 0.4750 - val_loss: 0.7674
Epoch 2/10
50/50 ─────────────────────────── 0s 867us/step - accuracy: 0.4966
- loss: 0.7390 - val_accuracy: 0.4950 - val_loss: 0.7424
Epoch 3/10
50/50 ─────────────────────────── 0s 755us/step - accuracy: 0.4958
- loss: 0.7308 - val_accuracy: 0.4750 - val_loss: 0.7277
Epoch 4/10
50/50 ─────────────────────────── 0s 742us/step - accuracy: 0.5159
- loss: 0.7130 - val_accuracy: 0.4850 - val_loss: 0.7209
Epoch 5/10
50/50 ─────────────────────────── 0s 745us/step - accuracy: 0.5067
- loss: 0.7039 - val_accuracy: 0.4650 - val_loss: 0.7170
Epoch 6/10
50/50 ─────────────────────────── 0s 755us/step - accuracy: 0.5208
- loss: 0.6903 - val_accuracy: 0.4800 - val_loss: 0.7146
Epoch 7/10
50/50 ─────────────────────────── 0s 745us/step - accuracy: 0.4930
- loss: 0.6988 - val_accuracy: 0.4800 - val_loss: 0.7132
Epoch 8/10
50/50 ─────────────────────────── 0s 755us/step - accuracy: 0.5291
- loss: 0.6861 - val_accuracy: 0.4900 - val_loss: 0.7125
Epoch 9/10
50/50 ─────────────────────────── 0s 785us/step - accuracy: 0.4719
- loss: 0.6986 - val_accuracy: 0.5150 - val_loss: 0.7121
Epoch 10/10
50/50 ─────────────────────────── 0s 704us/step - accuracy: 0.4950
- loss: 0.6960 - val_accuracy: 0.5100 - val_loss: 0.7115
7/7 ─────────────────────────── 0s 2ms/step
              precision    recall  f1-score   support

           0       0.50      0.53      0.51        97
           1       0.53      0.50      0.51       103

    accuracy                           0.51       200
   macro avg       0.51      0.51      0.51       200
weighted avg       0.51      0.51      0.51       200

[[51 46]
 [52 51]]
```

Explicación del código:

- **Paso 1:** Se simulan datos de características eléctricas de circuitos electrónicos y sus respectivas etiquetas de clase (con o sin falla).
- **Paso 2:** Se define un modelo secuencial de red neuronal en TensorFlow y Keras con capas densas para procesar las características eléctricas de entrada y una capa de salida con activación sigmoide para la clasificación binaria.
- **Paso 3:** Se compila el modelo utilizando el optimizador Adam y la función de pérdida de entropía cruzada binaria para problemas de clasificación binaria. Luego, se entrena el modelo utilizando los datos de entrenamiento y se valida con los datos de prueba.
- **Paso 4:** Se evalúa el modelo utilizando métricas de clasificación binaria, como precisión, recall y F1-score, así como la matriz de confusión para evaluar su rendimiento en la predicción de fallas en circuitos electrónicos.

Este ejercicio ilustra cómo utilizar redes neuronales para predecir la presencia de fallas en circuitos electrónicos basándose en características eléctricas medidas. Es una aplicación básica pero fundamental en la intersección entre la electrónica y el aprendizaje automático.

Ejercicio 28. Pronóstico del Clima

Problema: Pronóstico del Clima Utilizando Redes Neuronales

El objetivo de este ejercicio es predecir la temperatura de mañana utilizando datos históricos de temperatura. Para simplificar, vamos a usar un conjunto de datos ficticio que contiene las temperaturas diarias de los últimos 365 días.

Pasos a Seguir:

1. **Cargar y Preprocesar los Datos**: Crear un conjunto de datos ficticio de temperaturas diarias, dividir los datos en características (temperaturas de hoy) y etiquetas (temperaturas de mañana).
2. **Dividir los Datos**: Dividir el conjunto de datos en un conjunto de entrenamiento y un conjunto de prueba.
3. **Construir el Modelo**: Crear una red neuronal simple usando TensorFlow/Keras.
4. **Entrenar el Modelo**: Entrenar el modelo con los datos de entrenamiento.
5. **Evaluar el Modelo**: Evaluar el rendimiento del modelo con los datos de prueba.
6. **Hacer Predicciones**: Usar el modelo para predecir la temperatura de mañana basada en la temperatura de hoy.

Solución

```
Epoch 1/100
19/19 ──────────────────────── 1s 5ms/step - loss: 463.5768 - val_loss: 70.5683
Epoch 2/100
19/19 ──────────────────────── 0s 1ms/step - loss: 110.0756 - val_loss: 4.1474
Epoch 3/100
19/19 ──────────────────────── 0s 2ms/step - loss: 34.6560 - val_loss: 4.9552
Epoch 4/100
19/19 ──────────────────────── 0s 2ms/step - loss: 27.0266 - val_loss: 4.4649
Epoch 5/100
19/19 ──────────────────────── 0s 1ms/step - loss: 22.0661 - val_loss: 4.3090
Epoch 6/100
19/19 ──────────────────────── 0s 1ms/step - loss: 24.7386 - val_loss: 4.6203
Epoch 7/100
19/19 ──────────────────────── 0s 2ms/step - loss: 23.5681 - val_loss: 4.2185
Epoch 8/100
19/19 ──────────────────────── 0s 1ms/step - loss: 24.0161 - val_loss: 4.3723
Epoch 9/100
19/19 ──────────────────────── 0s 1ms/step - loss: 23.3789 - val_loss: 4.2002
Epoch 10/100
19/19 ──────────────────────── 0s 2ms/step - loss: 19.5574 - val_loss: 4.1634
Epoch 11/100
19/19 ──────────────────────── 0s 1ms/step - loss: 22.1144 - val_loss: 4.5592
Epoch 12/100
19/19 ──────────────────────── 0s 1ms/step - loss: 18.6818 - val_loss: 4.4875
Epoch 13/100
19/19 ──────────────────────── 0s 1ms/step - loss: 23.7619 - val_loss: 4.1234
Epoch 14/100
```

19/19 ──────────── 0s 1ms/step - loss: 21.6911 - val_loss: 4.5546
Epoch 15/100
19/19 ──────────── 0s 1ms/step - loss: 21.8056 - val_loss: 4.1964
Epoch 16/100
19/19 ──────────── 0s 1ms/step - loss: 22.9055 - val_loss: 4.1734
Epoch 17/100
19/19 ──────────── 0s 1ms/step - loss: 23.9447 - val_loss: 5.1377
Epoch 18/100
19/19 ──────────── 0s 1ms/step - loss: 19.9389 - val_loss: 4.2654
Epoch 19/100
19/19 ──────────── 0s 1ms/step - loss: 21.6340 - val_loss: 4.1517
Epoch 20/100
19/19 ──────────── 0s 1ms/step - loss: 22.6812 - val_loss: 4.5552
Epoch 21/100
19/19 ──────────── 0s 1ms/step - loss: 19.1642 - val_loss: 4.2576
Epoch 22/100
19/19 ──────────── 0s 1ms/step - loss: 19.6334 - val_loss: 4.1180
Epoch 23/100
19/19 ──────────── 0s 1ms/step - loss: 16.1424 - val_loss: 4.1034
Epoch 24/100
19/19 ──────────── 0s 2ms/step - loss: 16.9157 - val_loss: 5.1377
Epoch 25/100
19/19 ──────────── 0s 2ms/step - loss: 18.7305 - val_loss: 4.0996
Epoch 26/100
19/19 ──────────── 0s 1ms/step - loss: 19.7050 - val_loss: 4.0989
Epoch 27/100
19/19 ──────────── 0s 1ms/step - loss: 21.9988 - val_loss: 4.5929
Epoch 28/100
19/19 ──────────── 0s 2ms/step - loss: 17.4312 - val_loss: 5.8743
Epoch 29/100
19/19 ──────────── 0s 2ms/step - loss: 19.7906 - val_loss: 4.2603
Epoch 30/100
19/19 ──────────── 0s 2ms/step - loss: 23.2162 - val_loss: 5.6776

```
Epoch 31/100
19/19 ──────────────── 0s 1ms/step - loss: 21.5201 - val_loss: 4.1936
Epoch 32/100
19/19 ──────────────── 0s 2ms/step - loss: 22.8719 - val_loss: 4.1266
Epoch 33/100
19/19 ──────────────── 0s 2ms/step - loss: 14.6889 - val_loss: 4.2737
Epoch 34/100
19/19 ──────────────── 0s 2ms/step - loss: 16.7442 - val_loss: 4.2483
Epoch 35/100
19/19 ──────────────── 0s 2ms/step - loss: 16.1468 - val_loss: 4.0300
Epoch 36/100
19/19 ──────────────── 0s 1ms/step - loss: 15.6537 - val_loss: 4.5676
Epoch 37/100
19/19 ──────────────── 0s 1ms/step - loss: 17.4625 - val_loss: 4.1333
Epoch 38/100
19/19 ──────────────── 0s 1ms/step - loss: 19.9248 - val_loss: 4.4101
Epoch 39/100
19/19 ──────────────── 0s 1ms/step - loss: 17.4530 - val_loss: 4.2522
Epoch 40/100
19/19 ──────────────── 0s 1ms/step - loss: 17.5509 - val_loss: 4.1120
Epoch 41/100
19/19 ──────────────── 0s 1ms/step - loss: 18.1263 - val_loss: 4.0758
Epoch 42/100
19/19 ──────────────── 0s 1ms/step - loss: 17.9020 - val_loss: 4.0388
Epoch 43/100
19/19 ──────────────── 0s 1ms/step - loss: 18.7380 - val_loss: 3.9849
Epoch 44/100
19/19 ──────────────── 0s 1ms/step - loss: 18.4569 - val_loss: 4.4043
Epoch 45/100
19/19 ──────────────── 0s 1ms/step - loss: 18.2377 - val_loss: 4.3899
Epoch 46/100
19/19 ──────────────── 0s 1ms/step - loss: 14.6927 - val_loss: 4.0324
Epoch 47/100
```

19/19 ———————————— 0s 1ms/step - loss: 16.0462 - val_loss: 4.1937
Epoch 48/100
19/19 ———————————— 0s 1ms/step - loss: 13.7856 - val_loss: 3.9831
Epoch 49/100
19/19 ———————————— 0s 1ms/step - loss: 18.7524 - val_loss: 4.3327
Epoch 50/100
19/19 ———————————— 0s 1ms/step - loss: 13.0130 - val_loss: 5.2681
Epoch 51/100
19/19 ———————————— 0s 1ms/step - loss: 17.0013 - val_loss: 4.2771
Epoch 52/100
19/19 ———————————— 0s 1ms/step - loss: 17.0657 - val_loss: 4.3345
Epoch 53/100
19/19 ———————————— 0s 1ms/step - loss: 17.0113 - val_loss: 3.9546
Epoch 54/100
19/19 ———————————— 0s 1ms/step - loss: 17.2089 - val_loss: 4.4684
Epoch 55/100
19/19 ———————————— 0s 1ms/step - loss: 15.9280 - val_loss: 4.0888
Epoch 56/100
19/19 ———————————— 0s 1ms/step - loss: 16.3780 - val_loss: 3.9789
Epoch 57/100
19/19 ———————————— 0s 1ms/step - loss: 12.9659 - val_loss: 4.2632
Epoch 58/100
19/19 ———————————— 0s 2ms/step - loss: 19.0779 - val_loss: 6.3512
Epoch 59/100
19/19 ———————————— 0s 1ms/step - loss: 20.5926 - val_loss: 3.9284
Epoch 60/100
19/19 ———————————— 0s 1ms/step - loss: 13.3313 - val_loss: 4.0307
Epoch 61/100
19/19 ———————————— 0s 1ms/step - loss: 17.5292 - val_loss: 4.3090
Epoch 62/100
19/19 ———————————— 0s 1ms/step - loss: 17.7500 - val_loss: 4.3085
Epoch 63/100
19/19 ———————————— 0s 1ms/step - loss: 17.3045 - val_loss: 3.9164

```
Epoch 64/100
19/19 ──────────────── 0s 1ms/step - loss: 15.4110 - val_loss: 5.2513
Epoch 65/100
19/19 ──────────────── 0s 1ms/step - loss: 17.7357 - val_loss: 4.0140
Epoch 66/100
19/19 ──────────────── 0s 1ms/step - loss: 17.7921 - val_loss: 4.3179
Epoch 67/100
19/19 ──────────────── 0s 1ms/step - loss: 17.6536 - val_loss: 4.4648
Epoch 68/100
19/19 ──────────────── 0s 1ms/step - loss: 14.8702 - val_loss: 3.9167
Epoch 69/100
19/19 ──────────────── 0s 1ms/step - loss: 16.5709 - val_loss: 3.9212
Epoch 70/100
19/19 ──────────────── 0s 1ms/step - loss: 15.8798 - val_loss: 4.3301
Epoch 71/100
19/19 ──────────────── 0s 1ms/step - loss: 16.0818 - val_loss: 3.9890
Epoch 72/100
19/19 ──────────────── 0s 1ms/step - loss: 18.8623 - val_loss: 3.9658
Epoch 73/100
19/19 ──────────────── 0s 1ms/step - loss: 14.0091 - val_loss: 4.0356
Epoch 74/100
19/19 ──────────────── 0s 1ms/step - loss: 18.0957 - val_loss: 4.1730
Epoch 75/100
19/19 ──────────────── 0s 1ms/step - loss: 13.1222 - val_loss: 3.9329
Epoch 76/100
19/19 ──────────────── 0s 1ms/step - loss: 16.3044 - val_loss: 4.1785
Epoch 77/100
19/19 ──────────────── 0s 1ms/step - loss: 15.2605 - val_loss: 4.2753
Epoch 78/100
19/19 ──────────────── 0s 2ms/step - loss: 14.3337 - val_loss: 3.9719
Epoch 79/100
19/19 ──────────────── 0s 2ms/step - loss: 17.1801 - val_loss: 4.0473
Epoch 80/100
```

19/19 ──────────── 0s 2ms/step - loss: 17.0357 - val_loss: 3.9062
Epoch 81/100
19/19 ──────────── 0s 2ms/step - loss: 18.1079 - val_loss: 4.6305
Epoch 82/100
19/19 ──────────── 0s 1ms/step - loss: 19.7385 - val_loss: 3.8900
Epoch 83/100
19/19 ──────────── 0s 1ms/step - loss: 14.5788 - val_loss: 4.1065
Epoch 84/100
19/19 ──────────── 0s 1ms/step - loss: 17.0575 - val_loss: 3.8803
Epoch 85/100
19/19 ──────────── 0s 1ms/step - loss: 16.2821 - val_loss: 4.2348
Epoch 86/100
19/19 ──────────── 0s 1ms/step - loss: 16.1228 - val_loss: 3.8950
Epoch 87/100
19/19 ──────────── 0s 1ms/step - loss: 16.3653 - val_loss: 4.2068
Epoch 88/100
19/19 ──────────── 0s 1ms/step - loss: 15.4423 - val_loss: 5.2268
Epoch 89/100
19/19 ──────────── 0s 1ms/step - loss: 19.8946 - val_loss: 4.1812
Epoch 90/100
19/19 ──────────── 0s 1ms/step - loss: 14.7088 - val_loss: 3.8830
Epoch 91/100
19/19 ──────────── 0s 1ms/step - loss: 17.3845 - val_loss: 5.0360
Epoch 92/100
19/19 ──────────── 0s 1ms/step - loss: 14.3299 - val_loss: 3.9640
Epoch 93/100
19/19 ──────────── 0s 2ms/step - loss: 16.6489 - val_loss: 4.0317
Epoch 94/100
19/19 ──────────── 0s 2ms/step - loss: 21.7029 - val_loss: 3.8868
Epoch 95/100
19/19 ──────────── 0s 1ms/step - loss: 18.4691 - val_loss: 3.9876
Epoch 96/100
19/19 ──────────── 0s 2ms/step - loss: 17.2261 - val_loss: 4.2711

```
Epoch 97/100
19/19 ──────────────── 0s 2ms/step - loss: 16.4332 - val_loss: 4.0387
Epoch 98/100
19/19 ──────────────── 0s 1ms/step - loss: 16.9043 - val_loss: 5.7896
Epoch 99/100
19/19 ──────────────── 0s 1ms/step - loss: 17.1670 - val_loss: 3.8606
Epoch 100/100
19/19 ──────────────── 0s 1ms/step - loss: 15.2825 - val_loss: 4.0679
3/3 ──────────────── 0s 809us/step - loss: 3.9404
Test Loss: 4.0679
3/3 ──────────────── 0s 8ms/step
```

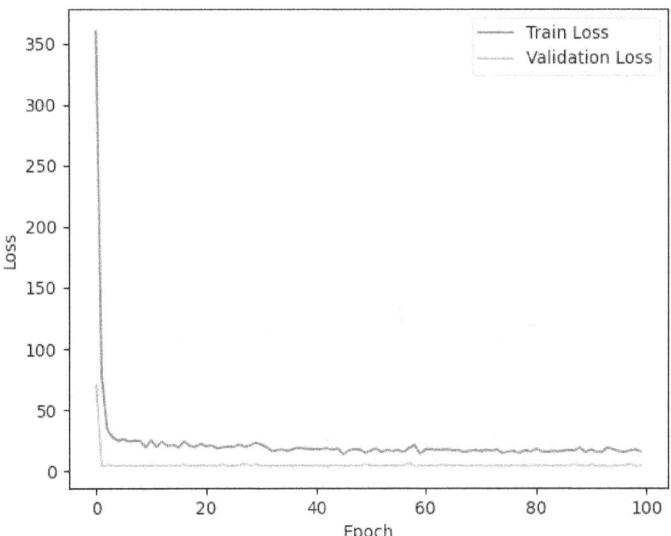

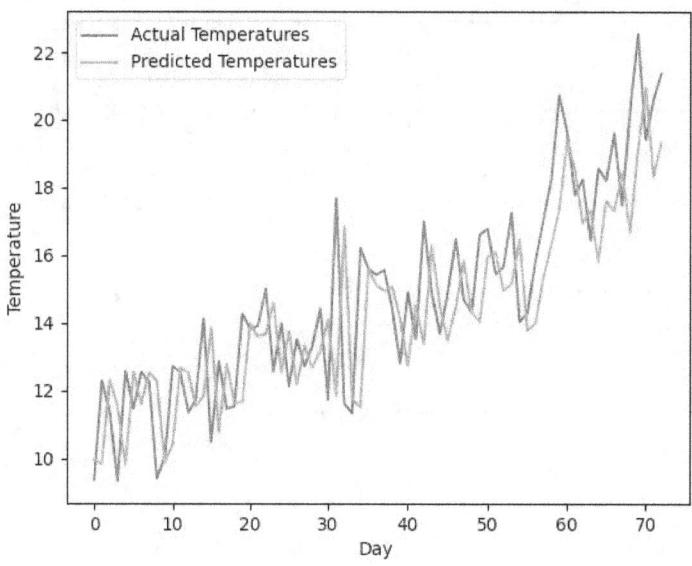

Explicación

1. **Conjunto de Datos Ficticio**: Creamos un conjunto de datos ficticio de temperaturas diarias usando una función seno con ruido aleatorio para simular variaciones en las temperaturas.
2. **Preprocesamiento**: Dividimos los datos en características (temperaturas de hoy) y etiquetas (temperaturas de mañana).
3. **Modelo de Red Neuronal**: Creamos un modelo de red neuronal simple con dos capas densas y dropout para regularización.
4. **Entrenamiento**: Entrenamos el modelo con los datos de entrenamiento.

5. **Evaluación**: Evaluamos el modelo con los datos de prueba para obtener la pérdida (error cuadrático medio).
6. **Predicciones y Visualización**: Usamos el modelo para predecir las temperaturas de mañana y graficamos los resultados junto con las temperaturas reales.

Este ejemplo básico muestra cómo utilizar una red neuronal para resolver un problema de predicción de series temporales, en este caso, el pronóstico del clima basado en temperaturas históricas.

Ejercicio 29. Pronóstico de Ventas.

```
import numpy as np
import tensorflow as tf
from tensorflow.keras.models import Sequential
from tensorflow.keras.layers import Dense, Dropout
import matplotlib.pyplot as plt


# 1. Crear un conjunto de datos ficticio de ventas diarias
np.random.seed(42)
days = 365
sales = 50 + 10 * np.sin(np.linspace(0, 2 * np.pi, days))
+ np.random.normal(0, 5, days)

# Crear características (X) y etiquetas (y)
X = sales[:-1]   # Ventas de hoy
y = sales[1:]    # Ventas de mañana

# Dividir los datos en entrenamiento y prueba
split = int(0.8 * len(X))
X_train, X_test = X[:split], X[split:]
y_train, y_test = y[:split], y[split:]

# Redimensionar los datos para el modelo
X_train = X_train.reshape(-1, 1)
X_test = X_test.reshape(-1, 1)

# 2. Construir el modelo de red neuronal
model = Sequential([
```

```
    Dense(64, input_dim=1, activation='relu'),
    Dropout(0.2),
    Dense(64, activation='relu'),
    Dropout(0.2),
    Dense(1)  # Salida de una sola neurona para la predicción de ventas
])


# Compilar el modelo
model.compile(optimizer='adam', loss='mean_squared_error')

# 3. Entrenar el modelo
history = model.fit(X_train, y_train, epochs=100, batch_size=16, validation_data=(X_test, y_test))

# 4. Evaluar el modelo
loss = model.evaluate(X_test, y_test)
print(f'Test Loss: {loss:.4f}')

# 5. Hacer predicciones
y_pred = model.predict(X_test)

# Graficar los resultados
plt.figure(figsize=(14, 5))

# Graficar la pérdida de entrenamiento y validación
plt.subplot(1, 2, 1)
plt.plot(history.history['loss'], label='Train Loss')
plt.plot(history.history['val_loss'], label='Validation Loss')
plt.xlabel('Epoch')
plt.ylabel('Loss')
```

```
plt.legend()

# Graficar las predicciones vs las etiquetas reales
plt.subplot(1, 2, 2)
plt.plot(y_test, label='Actual Sales')
plt.plot(y_pred, label='Predicted Sales')
plt.xlabel('Day')
plt.ylabel('Sales')
plt.legend()
plt.show()
```

```
Epoch 1/100
19/19 ──────────────────── 1s 5ms/step - loss: 1709.1477 - val_loss: 75.3376
Epoch 2/100
19/19 ──────────────────── 0s 1ms/step - loss: 180.5237 - val_loss: 44.2573
Epoch 3/100
19/19 ──────────────────── 0s 1ms/step - loss: 197.5042 - val_loss: 29.9646
Epoch 4/100
19/19 ──────────────────── 0s 1ms/step - loss: 149.7455 - val_loss: 26.6818
Epoch 5/100
19/19 ──────────────────── 0s 1ms/step - loss: 134.1435 - val_loss: 27.5671
Epoch 6/100
19/19 ──────────────────── 0s 1ms/step - loss: 129.2858 - val_loss: 28.6896
Epoch 7/100
19/19 ──────────────────── 0s 1ms/step - loss: 130.3137 - val_loss: 26.2540
Epoch 8/100
19/19 ──────────────────── 0s 1ms/step - loss: 139.1029 - val_loss: 29.3505
Epoch 9/100
19/19 ──────────────────── 0s 1ms/step - loss: 128.8079 - val_loss: 29.3586
Epoch 10/100
19/19 ──────────────────── 0s 2ms/step - loss: 105.4632 - val_loss: 36.9006
Epoch 11/100
19/19 ──────────────────── 0s 2ms/step - loss: 118.6046 - val_loss: 31.8900
Epoch 12/100
19/19 ──────────────────── 0s 1ms/step - loss: 124.8587 - val_loss: 28.2595
Epoch 13/100
19/19 ──────────────────── 0s 1ms/step - loss: 125.5911 - val_loss: 27.0521
Epoch 14/100
19/19 ──────────────────── 0s 1ms/step - loss: 119.2838 - val_loss: 31.6514
Epoch 15/100
19/19 ──────────────────── 0s 1ms/step - loss: 134.1985 - val_loss: 27.6047
Epoch 16/100
19/19 ──────────────────── 0s 1ms/step - loss: 113.4936 - val_loss: 36.4532
```

```
Epoch 17/100
19/19 ──────────────────── 0s 1ms/step - loss: 130.1013 - val_loss: 27.6634
Epoch 18/100
19/19 ──────────────────── 0s 1ms/step - loss: 89.9260 - val_loss: 36.1328
Epoch 19/100
19/19 ──────────────────── 0s 1ms/step - loss: 95.5695 - val_loss: 26.1991
Epoch 20/100
19/19 ──────────────────── 0s 1ms/step - loss: 101.0622 - val_loss: 28.8863
Epoch 21/100
19/19 ──────────────────── 0s 1ms/step - loss: 122.9242 - val_loss: 29.3328
Epoch 22/100
19/19 ──────────────────── 0s 1ms/step - loss: 111.4947 - val_loss: 41.8455
Epoch 23/100
19/19 ──────────────────── 0s 1ms/step - loss: 99.3038 - val_loss: 32.2817
Epoch 24/100
19/19 ──────────────────── 0s 1ms/step - loss: 81.7133 - val_loss: 27.1142
Epoch 25/100
19/19 ──────────────────── 0s 1ms/step - loss: 86.1215 - val_loss: 26.5286
Epoch 26/100
19/19 ──────────────────── 0s 1ms/step - loss: 105.6195 - val_loss: 27.0313
Epoch 27/100
19/19 ──────────────────── 0s 1ms/step - loss: 104.3880 - val_loss: 33.1289
Epoch 28/100
19/19 ──────────────────── 0s 1ms/step - loss: 107.1242 - val_loss: 26.5809
Epoch 29/100
19/19 ──────────────────── 0s 1ms/step - loss: 104.8170 - val_loss: 33.4826
Epoch 30/100
19/19 ──────────────────── 0s 1ms/step - loss: 102.1118 - val_loss: 28.2702
Epoch 31/100
19/19 ──────────────────── 0s 1ms/step - loss: 109.8016 - val_loss: 27.3521
Epoch 32/100
19/19 ──────────────────── 0s 2ms/step - loss: 94.2662 - val_loss: 41.3601
Epoch 33/100
19/19 ──────────────────── 0s 1ms/step - loss: 99.9248 - val_loss: 28.0829
Epoch 34/100
19/19 ──────────────────── 0s 1ms/step - loss: 82.9095 - val_loss: 30.1989
Epoch 35/100
19/19 ──────────────────── 0s 1ms/step - loss: 77.2535 - val_loss: 37.6970
Epoch 36/100
19/19 ──────────────────── 0s 1ms/step - loss: 98.7567 - val_loss: 30.5966
Epoch 37/100
19/19 ──────────────────── 0s 1ms/step - loss: 96.5362 - val_loss: 25.8976
Epoch 38/100
19/19 ──────────────────── 0s 1ms/step - loss: 103.1572 - val_loss: 44.7340
Epoch 39/100
19/19 ──────────────────── 0s 1ms/step - loss: 94.9712 - val_loss: 33.4725
Epoch 40/100
19/19 ──────────────────── 0s 1ms/step - loss: 88.0977 - val_loss: 32.0485
Epoch 41/100
19/19 ──────────────────── 0s 1ms/step - loss: 88.0077 - val_loss: 25.9939
Epoch 42/100
19/19 ──────────────────── 0s 1ms/step - loss: 86.6953 - val_loss: 28.5560
Epoch 43/100
19/19 ──────────────────── 0s 1ms/step - loss: 74.1026 - val_loss: 29.9174
Epoch 44/100
19/19 ──────────────────── 0s 1ms/step - loss: 97.3608 - val_loss: 53.0377
```

```
Epoch 45/100
19/19 ──────────────────────── 0s 1ms/step - loss: 88.3644 - val_loss: 28.2743
Epoch 46/100
19/19 ──────────────────────── 0s 1ms/step - loss: 80.2832 - val_loss: 30.9710
Epoch 47/100
19/19 ──────────────────────── 0s 2ms/step - loss: 79.5004 - val_loss: 27.7440
Epoch 48/100
19/19 ──────────────────────── 0s 1ms/step - loss: 90.8001 - val_loss: 28.0292
Epoch 49/100
19/19 ──────────────────────── 0s 1ms/step - loss: 94.3023 - val_loss: 36.0649
Epoch 50/100
19/19 ──────────────────────── 0s 1ms/step - loss: 99.7122 - val_loss: 32.9973
Epoch 51/100
19/19 ──────────────────────── 0s 1ms/step - loss: 86.4598 - val_loss: 31.5789
Epoch 52/100
19/19 ──────────────────────── 0s 1ms/step - loss: 96.6885 - val_loss: 30.7848
Epoch 53/100
19/19 ──────────────────────── 0s 1ms/step - loss: 78.9898 - val_loss: 29.3198
Epoch 54/100
19/19 ──────────────────────── 0s 1ms/step - loss: 95.0866 - val_loss: 28.8624
Epoch 55/100
19/19 ──────────────────────── 0s 1ms/step - loss: 93.1935 - val_loss: 28.9313
Epoch 56/100
19/19 ──────────────────────── 0s 1ms/step - loss: 83.1499 - val_loss: 25.1437
Epoch 57/100
19/19 ──────────────────────── 0s 1ms/step - loss: 109.7047 - val_loss: 43.3645
Epoch 58/100
19/19 ──────────────────────── 0s 2ms/step - loss: 74.1850 - val_loss: 30.8752
Epoch 59/100
19/19 ──────────────────────── 0s 1ms/step - loss: 78.2149 - val_loss: 31.7354
Epoch 60/100
19/19 ──────────────────────── 0s 1ms/step - loss: 90.2155 - val_loss: 36.9224
Epoch 61/100
19/19 ──────────────────────── 0s 1ms/step - loss: 89.5879 - val_loss: 26.0213
Epoch 62/100
19/19 ──────────────────────── 0s 1ms/step - loss: 92.1037 - val_loss: 26.0723
Epoch 63/100
19/19 ──────────────────────── 0s 1ms/step - loss: 78.1913 - val_loss: 40.1677
Epoch 64/100
19/19 ──────────────────────── 0s 1ms/step - loss: 102.6068 - val_loss: 25.5821
Epoch 65/100
19/19 ──────────────────────── 0s 1ms/step - loss: 88.5963 - val_loss: 28.6379
Epoch 66/100
19/19 ──────────────────────── 0s 1ms/step - loss: 105.6381 - val_loss: 27.6872
Epoch 67/100
19/19 ──────────────────────── 0s 1ms/step - loss: 82.6431 - val_loss: 24.8606
Epoch 68/100
19/19 ──────────────────────── 0s 1ms/step - loss: 95.5812 - val_loss: 25.3525
Epoch 69/100
19/19 ──────────────────────── 0s 1ms/step - loss: 93.8879 - val_loss: 28.1449
Epoch 70/100
19/19 ──────────────────────── 0s 1ms/step - loss: 70.3916 - val_loss: 34.1997
Epoch 71/100
19/19 ──────────────────────── 0s 1ms/step - loss: 86.1666 - val_loss: 28.2896
Epoch 72/100
19/19 ──────────────────────── 0s 1ms/step - loss: 82.6876 - val_loss: 27.7364
```

```
Epoch 73/100
19/19 ──────────────── 0s 1ms/step - loss: 89.7115 - val_loss: 28.1364
Epoch 74/100
19/19 ──────────────── 0s 2ms/step - loss: 110.6337 - val_loss: 43.3261
Epoch 75/100
19/19 ──────────────── 0s 2ms/step - loss: 85.1778 - val_loss: 43.6281
Epoch 76/100
19/19 ──────────────── 0s 1ms/step - loss: 71.8196 - val_loss: 37.9641
Epoch 77/100
19/19 ──────────────── 0s 1ms/step - loss: 91.4410 - val_loss: 31.8104
Epoch 78/100
19/19 ──────────────── 0s 1ms/step - loss: 85.9987 - val_loss: 25.5508
Epoch 79/100
19/19 ──────────────── 0s 1ms/step - loss: 89.8338 - val_loss: 44.4285
Epoch 80/100
19/19 ──────────────── 0s 1ms/step - loss: 83.0334 - val_loss: 47.7259
Epoch 81/100
19/19 ──────────────── 0s 2ms/step - loss: 84.7688 - val_loss: 38.2335
Epoch 82/100
19/19 ──────────────── 0s 1ms/step - loss: 93.1756 - val_loss: 28.3091
Epoch 83/100
19/19 ──────────────── 0s 1ms/step - loss: 84.9061 - val_loss: 35.8449
Epoch 84/100
19/19 ──────────────── 0s 1ms/step - loss: 88.3331 - val_loss: 27.5203
Epoch 85/100
19/19 ──────────────── 0s 1ms/step - loss: 80.1668 - val_loss: 33.6170
Epoch 86/100
19/19 ──────────────── 0s 1ms/step - loss: 85.3823 - val_loss: 29.6526
Epoch 87/100
19/19 ──────────────── 0s 1ms/step - loss: 84.9155 - val_loss: 38.3216
Epoch 88/100
19/19 ──────────────── 0s 1ms/step - loss: 96.1471 - val_loss: 31.8593
Epoch 89/100
19/19 ──────────────── 0s 1ms/step - loss: 78.0470 - val_loss: 29.1898
Epoch 90/100
19/19 ──────────────── 0s 1ms/step - loss: 74.2445 - val_loss: 34.6110
Epoch 91/100
19/19 ──────────────── 0s 1ms/step - loss: 96.9644 - val_loss: 43.1775
Epoch 92/100
19/19 ──────────────── 0s 1ms/step - loss: 80.7450 - val_loss: 50.4606
Epoch 93/100
19/19 ──────────────── 0s 1ms/step - loss: 93.5061 - val_loss: 24.2733
Epoch 94/100
19/19 ──────────────── 0s 1ms/step - loss: 102.4358 - val_loss: 27.1144
Epoch 95/100
19/19 ──────────────── 0s 1ms/step - loss: 73.0044 - val_loss: 29.6174
Epoch 96/100
19/19 ──────────────── 0s 1ms/step - loss: 88.3334 - val_loss: 28.4757
Epoch 97/100
19/19 ──────────────── 0s 2ms/step - loss: 77.4879 - val_loss: 35.5697
Epoch 98/100
19/19 ──────────────── 0s 1ms/step - loss: 103.8085 - val_loss: 36.2160
Epoch 99/100
19/19 ──────────────── 0s 1ms/step - loss: 86.2128 - val_loss: 30.0017
Epoch 100/100
19/19 ──────────────── 0s 1ms/step - loss: 87.1516 - val_loss: 42.7094
```

```
3/3 ──────────────── 0s 922us/step - loss: 42.0550
Test Loss: 42.7094
3/3 ──────────────── 0s 7ms/step
```

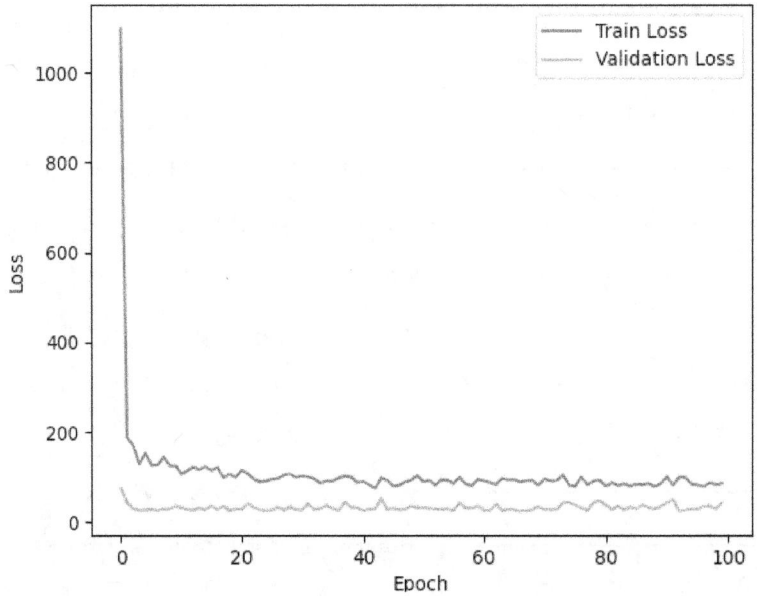

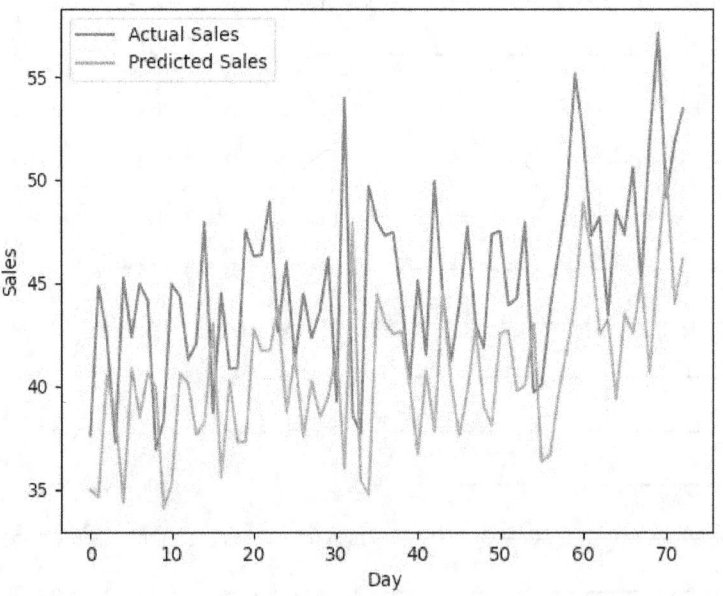

Explicación

1. **Conjunto de Datos Ficticio**: Creamos un conjunto de datos ficticio de ventas diarias usando una función seno con ruido aleatorio para simular variaciones en las ventas.
2. **Preprocesamiento**: Dividimos los datos en características (ventas de hoy) y etiquetas (ventas de mañana).
3. **Modelo de Red Neuronal**: Creamos un modelo de red neuronal simple con dos capas densas y dropout para regularización.
4. **Entrenamiento**: Entrenamos el modelo con los datos de entrenamiento.
5. **Evaluación**: Evaluamos el modelo con los datos de prueba para obtener la pérdida (error cuadrático medio).
6. **Predicciones y Visualización**: Usamos el modelo para predecir las ventas del próximo día y graficamos los resultados junto con las ventas reales.

Este ejemplo básico muestra cómo utilizar una red neuronal para resolver un problema de predicción de series temporales, en este caso, la predicción de ventas basada en ventas históricas.

Ejercicio 30. Clasificación de textos.

Problema: Detección de Spam en Correos Electrónicos Utilizando Redes Neuronales

El objetivo de este ejercicio es construir un modelo de clasificación de textos para detectar correos electrónicos de spam (no deseados) utilizando una red neuronal. Se nos proporciona un conjunto de datos con correos electrónicos etiquetados como "spam" o "no spam".

Pasos a Seguir:

1. **Cargar y Preprocesar los Datos**: Utilizar un conjunto de datos de correos electrónicos etiquetados, convertir los textos a vectores numéricos.
2. **Dividir los Datos**: Dividir el conjunto de datos en un conjunto de entrenamiento y un conjunto de prueba.
3. **Construir el Modelo**: Crear una red neuronal simple usando TensorFlow/Keras.
4. **Entrenar el Modelo**: Entrenar el modelo con los datos de entrenamiento.
5. **Evaluar el Modelo**: Evaluar el rendimiento del modelo con los datos de prueba.
6. **Hacer Predicciones**: Usar el modelo para clasificar nuevos correos electrónicos como "spam" o "no spam".

Solución:

```python
import pandas as pd
from sklearn.model_selection import train_test_split
from sklearn.feature_extraction.text import TfidfVectorizer
from tensorflow.keras.models import Sequential
from tensorflow.keras.layers import Dense, Dropout
from sklearn.metrics import classification_report, accuracy_score
import matplotlib.pyplot as plt

# Cargar el conjunto de datos
df = pd.read_csv('spam.csv', encoding='latin-1')
df = df[['v1', 'v2']]  # Solo necesitamos las columnas 'v1' (etiqueta) y 'v2' (texto)
df.columns = ['label', 'text']  # Renombrar columnas

# Convertir etiquetas a valores numéricos
df['label'] = df['label'].map({'ham': 0, 'spam': 1})

# Dividir los datos en características (X) y etiquetas (y)
X = df['text']
y = df['label']

# Dividir los datos en entrenamiento y prueba
X_train, X_test, y_train, y_test = train_test_split(X, y, test_size=0.2, random_state=42)

# Convertir los textos a vectores numéricos usando TF-IDF
```

```python
vectorizer = TfidfVectorizer(stop_words='english',
max_features=5000)
X_train_tfidf =
vectorizer.fit_transform(X_train).toarray()
X_test_tfidf = vectorizer.transform(X_test).toarray()
# Construir el modelo de red neuronal
model = Sequential([
    Dense(512, input_shape=(X_train_tfidf.shape[1],), activation='relu'),
    Dropout(0.5),
    Dense(256, activation='relu'),
    Dropout(0.5),
    Dense(1, activation='sigmoid')  # Salida de una sola neurona para clasificación binaria
])

# Compilar el modelo
model.compile(optimizer='adam',
loss='binary_crossentropy', metrics=['accuracy'])
# Entrenar el modelo
history = model.fit(X_train_tfidf, y_train, epochs=10,
batch_size=32, validation_data=(X_test_tfidf, y_test))
# Evaluar el modelo con datos de prueba
y_pred = (model.predict(X_test_tfidf) >
0.5).astype("int32")

# Mostrar los resultados de la evaluación
print(f'Accuracy: {accuracy_score(y_test, y_pred):.4f}')
print(classification_report(y_test, y_pred,
target_names=['ham', 'spam']))

# Graficar los resultados
plt.figure(figsize=(14, 5))
```

```python
# Graficar la precisión de entrenamiento y validación
plt.subplot(1, 2, 1)
plt.plot(history.history['accuracy'], label='Train Accuracy')
plt.plot(history.history['val_accuracy'], label='Validation Accuracy')
plt.xlabel('Epoch')
plt.ylabel('Accuracy')
plt.legend()

# Graficar la pérdida de entrenamiento y validación
plt.subplot(1, 2, 2)
plt.plot(history.history['loss'], label='Train Loss')
plt.plot(history.history['val_loss'], label='Validation Loss')
plt.xlabel('Epoch')
plt.ylabel('Loss')
plt.legend()

plt.show()
```

Explicación:

1. **Cargar y Preprocesar los Datos**: Utilizamos un conjunto de datos de correos electrónicos etiquetados como "spam" o "no spam" (ham). Los textos son convertidos a vectores numéricos usando TfidfVectorizer.

2. **Dividir los Datos**: Los datos se dividen en conjuntos de entrenamiento y prueba.

3. **Modelo de Red Neuronal**: Creamos un modelo de red neuronal simple con dos capas densas y dropout para regularización.
4. **Entrenamiento**: Entrenamos el modelo con los datos de entrenamiento.
5. **Evaluación**: Evaluamos el modelo con los datos de prueba y mostramos el reporte de clasificación.
6. **Visualización**: Graficamos la precisión y la pérdida de entrenamiento y validación para analizar el rendimiento del modelo.

Este ejemplo básico muestra cómo utilizar una red neuronal para resolver un problema de clasificación de textos, en este caso, la detección de spam basada en correos electrónicos etiquetados.

Ejercicio 31. Diagnóstico Médico, cáncer de mama

Descripción del Problema

Detección de Cáncer de Mama Utilizando Redes Neuronales

El objetivo de este ejercicio es construir un modelo de clasificación para detectar el cáncer de mama utilizando un conjunto de datos con características médicas de pacientes. Utilizaremos el conjunto de datos "Breast Cancer Wisconsin" que está disponible en la biblioteca sklearn.

Pasos a Seguir:

1. **Cargar y Preprocesar los Datos**: Utilizar el conjunto de datos de cáncer de mama de `sklearn`, normalizar los datos.
2. **Dividir los Datos**: Dividir el conjunto de datos en un conjunto de entrenamiento y un conjunto de prueba.
3. **Construir el Modelo**: Crear una red neuronal simple usando TensorFlow/Keras.
4. **Entrenar el Modelo**: Entrenar el modelo con los datos de entrenamiento.
5. **Evaluar el Modelo**: Evaluar el rendimiento del modelo con los datos de prueba.
6. **Hacer Predicciones**: Usar el modelo para clasificar nuevas muestras como benignas o malignas.

Solución:

Paso 1: Cargar y Preprocesar los Datos

```
import numpy as np
import tensorflow as tf
from sklearn.datasets import load_breast_cancer
from sklearn.model_selection import train_test_split
from sklearn.preprocessing import StandardScaler
from tensorflow.keras.models import Sequential
from tensorflow.keras.layers import Dense, Dropout
from sklearn.metrics import classification_report, accuracy_score
import matplotlib.pyplot as plt

# Cargar el conjunto de datos
data = load_breast_cancer()
X, y = data.data, data.target

# Normalizar los datos
scaler = StandardScaler()
X_scaled = scaler.fit_transform(X)

# Dividir los datos en entrenamiento y prueba
X_train, X_test, y_train, y_test = train_test_split(X_scaled, y, test_size=0.2, random_state=42)
```

Paso 2: Construir el Modelo de Red Neuronal

```
# Construir el modelo de red neuronal
model = Sequential([
```

```python
    Dense(30, input_shape=(X_train.shape[1],), activation='relu'),
    Dropout(0.5),
    Dense(15, activation='relu'),
    Dropout(0.5),
    Dense(1, activation='sigmoid')  # Salida de una sola neurona para clasificación binaria
])

# Compilar el modelo
model.compile(optimizer='adam', loss='binary_crossentropy', metrics=['accuracy'])
```

Paso 3: Entrenar el Modelo

```python
# Entrenar el modelo
history = model.fit(X_train, y_train, epochs=100, batch_size=16, validation_data=(X_test, y_test))
```

Paso 4: Evaluar el Modelo

```python
# Evaluar el modelo con datos de prueba
y_pred = (model.predict(X_test) > 0.5).astype("int32")

# Mostrar los resultados de la evaluación
print(f'Accuracy: {accuracy_score(y_test, y_pred):.4f}')
print(classification_report(y_test, y_pred, target_names=['benign', 'malignant']))

# Graficar los resultados
plt.figure(figsize=(14, 5))

# Graficar la precisión de entrenamiento y validación
```

```python
plt.subplot(1, 2, 1)
plt.plot(history.history['accuracy'], label='Train Accuracy')
plt.plot(history.history['val_accuracy'], label='Validation Accuracy')
plt.xlabel('Epoch')
plt.ylabel('Accuracy')
plt.legend()

# Graficar la pérdida de entrenamiento y validación
plt.subplot(1, 2, 2)
plt.plot(history.history['loss'], label='Train Loss')
plt.plot(history.history['val_loss'], label='Validation Loss')
plt.xlabel('Epoch')
plt.ylabel('Loss')
plt.legend()

plt.show()
```

Resultado:

```
Epoch 95/100
29/29 ———————————————————— 0s 1ms/step - accuracy: 0.9885 - loss: 0.0309 - val_accuracy: 0.9825 - val_loss: 0.0678
Epoch 96/100
29/29 ———————————————————— 0s 1ms/step - accuracy: 0.9835 - loss: 0.0563 - val_accuracy: 0.9825 - val_loss: 0.0691
Epoch 97/100
29/29 ———————————————————— 0s 1ms/step - accuracy: 0.9860 - loss: 0.0484 - val_accuracy: 0.9825 - val_loss: 0.0686
Epoch 98/100
29/29 ———————————————————— 0s 1ms/step - accuracy: 0.9888 - loss: 0.0329 - val_accuracy: 0.9825 - val_loss: 0.0670
Epoch 99/100
29/29 ———————————————————— 0s 1ms/step - accuracy: 0.9724 - loss: 0.0434 - val_accuracy: 0.9825 - val_loss: 0.0679
Epoch 100/100
```

```
29/29 ──────────────────────── 0s 1ms/step - accuracy: 0.9866 - loss: 0.0408 - val_accuracy: 0.9825 - val_loss: 0.0660
4/4 ────────────────────────── 0s 5ms/step
Accuracy: 0.9825
              precision    recall  f1-score   support

      benign       0.98      0.98      0.98        43
   malignant       0.99      0.99      0.99        71

    accuracy                           0.98       114
   macro avg       0.98      0.98      0.98       114
weighted avg       0.98      0.98      0.98       114
```

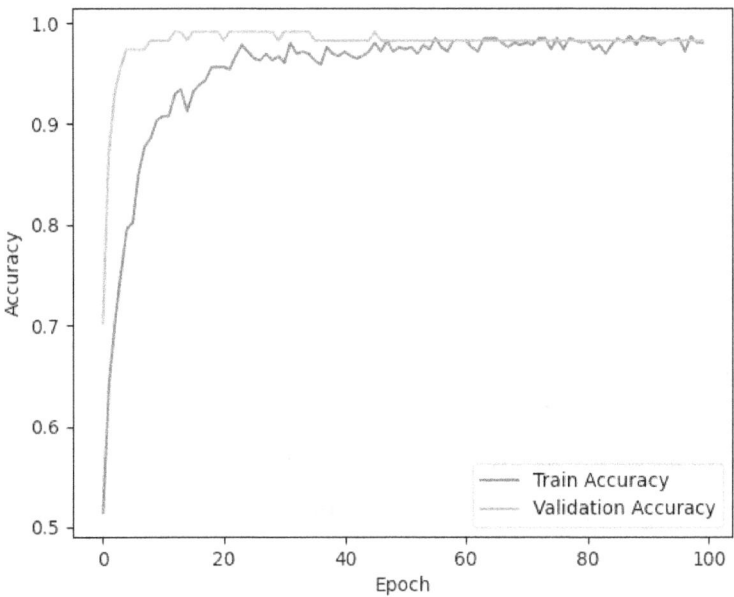

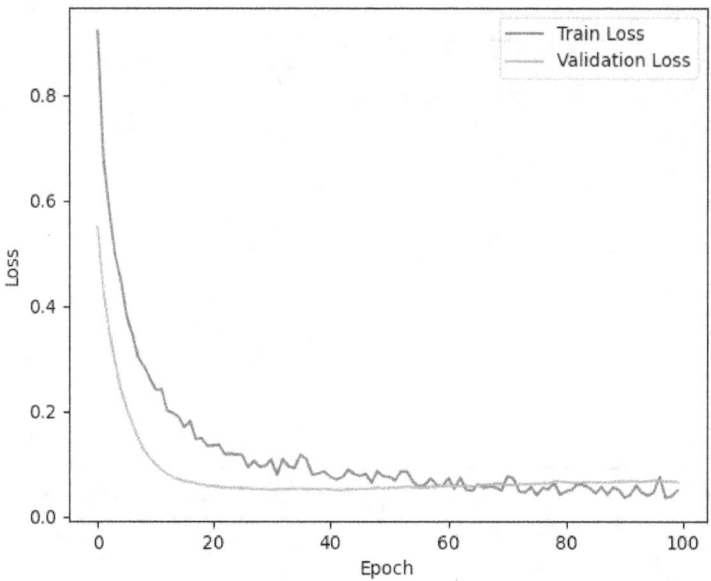

Explicación

1. **Cargar y Preprocesar los Datos**: Utilizamos el conjunto de datos de cáncer de mama de sklearn y normalizamos las características utilizando StandardScaler.
2. **Dividir los Datos**: Los datos se dividen en conjuntos de entrenamiento y prueba.
3. **Modelo de Red Neuronal**: Creamos un modelo de red neuronal simple con dos capas densas y dropout para regularización.
4. **Entrenamiento**: Entrenamos el modelo con los datos de entrenamiento.
5. **Evaluación**: Evaluamos el modelo con los datos de prueba y mostramos el reporte de clasificación.

6. **Visualización**: Graficamos la precisión y la pérdida de entrenamiento y validación para analizar el rendimiento del modelo.

Este ejemplo básico muestra cómo utilizar una red neuronal para resolver un problema de clasificación binaria, en este caso, la detección de cáncer de mama basado en características médicas de los pacientes.

Ejercicio 32. Segmentación de imágenes

Problema: Segmentación de Imágenes Utilizando Redes Neuronales

El objetivo de este ejercicio es construir un modelo de segmentación de imágenes utilizando una red neuronal. La segmentación de imágenes implica etiquetar cada píxel de una imagen con una clase específica. Para este ejercicio, utilizaremos el conjunto de datos de segmentación de imágenes de Cambridge (CamVid), que contiene imágenes de calles y sus correspondientes máscaras de segmentación.

Pasos a Seguir:

1. **Cargar y Preprocesar los Datos**: Utilizar el conjunto de datos CamVid, cargar las imágenes y sus correspondientes máscaras, y preprocesarlas.
2. **Dividir los Datos**: Dividir el conjunto de datos en un conjunto de entrenamiento y un conjunto de prueba.
3. **Construir el Modelo**: Crear una red neuronal tipo U-Net usando TensorFlow/Keras.
4. **Entrenar el Modelo**: Entrenar el modelo con los datos de entrenamiento.
5. **Evaluar el Modelo**: Evaluar el rendimiento del modelo con los datos de prueba.
6. **Hacer Predicciones**: Usar el modelo para segmentar nuevas imágenes.

Solución:

Paso 1: Cargar y Preprocesar los Datos

```
import tensorflow as tf
from tensorflow.keras.preprocessing.image import
ImageDataGenerator
from sklearn.model_selection import train_test_split
import numpy as np
import os
from PIL import Image
import matplotlib.pyplot as plt

# Definir funciones para cargar imágenes y máscaras
def load_images_and_masks(image_dir, mask_dir,
image_size=(128, 128)):
    images = []
    masks = []
    for image_file in os.listdir(image_dir):
        image = Image.open(os.path.join(image_dir,
image_file)).resize(image_size)
        mask = Image.open(os.path.join(mask_dir,
image_file)).resize(image_size)
        images.append(np.array(image))
        masks.append(np.array(mask))
    return np.array(images), np.array(masks)

# Cargar el conjunto de datos
image_dir = 'path_to_camvid_images'
mask_dir = 'path_to_camvid_masks'
X, y = load_images_and_masks(image_dir, mask_dir)
```

```python
# Normalizar imágenes y máscaras
X = X / 255.0
y = y / 255.0
y = (y > 0.5).astype(np.float32)  # Binarizar máscaras

# Dividir los datos en entrenamiento y prueba
X_train, X_test, y_train, y_test = train_test_split(X, y, test_size=0.2, random_state=42)
```

Paso 2: Construir el Modelo de Red Neuronal (U-Net)

```python
from tensorflow.keras.layers import Input, Conv2D, MaxPooling2D, UpSampling2D, concatenate
from tensorflow.keras.models import Model

def unet_model(input_size=(128, 128, 3)):
    inputs = Input(input_size)

    # Encoder
    c1 = Conv2D(64, (3, 3), activation='relu', padding='same')(inputs)
    p1 = MaxPooling2D((2, 2))(c1)

    c2 = Conv2D(128, (3, 3), activation='relu', padding='same')(p1)
    p2 = MaxPooling2D((2, 2))(c2)

    c3 = Conv2D(256, (3, 3), activation='relu', padding='same')(p2)
    p3 = MaxPooling2D((2, 2))(c3)

    # Bottleneck
```

```python
    c4 = Conv2D(512, (3, 3), activation='relu',
padding='same')(p3)

    # Decoder
    u5 = UpSampling2D((2, 2))(c4)
    c5 = Conv2D(256, (3, 3), activation='relu',
padding='same')(u5)

    u6 = UpSampling2D((2, 2))(c5)
    c6 = Conv2D(128, (3, 3), activation='relu',
padding='same')(u6)

    u7 = UpSampling2D((2, 2))(c6)
    c7 = Conv2D(64, (3, 3), activation='relu',
padding='same')(u7)

    outputs = Conv2D(1, (1, 1), activation='sigmoid')(c7)

    model = Model(inputs=[inputs], outputs=[outputs])
    return model

model = unet_model()
model.compile(optimizer='adam',
loss='binary_crossentropy', metrics=['accuracy'])
```

Paso 3: Entrenar el Modelo

```python
# Entrenar el modelo
history = model.fit(X_train, y_train, epochs=10,
batch_size=16, validation_data=(X_test, y_test))
```

Paso 4: Evaluar el Modelo

```
# Evaluar el modelo con datos de prueba
loss, accuracy = model.evaluate(X_test, y_test)
print(f'Loss: {loss:.4f}')
print(f'Accuracy: {accuracy:.4f}')

# Hacer predicciones
y_pred = model.predict(X_test)

# Mostrar una imagen de prueba y su máscara predicha
idx = 0
plt.figure(figsize=(12, 6))

plt.subplot(1, 3, 1)
plt.title('Input Image')
plt.imshow(X_test[idx])

plt.subplot(1, 3, 2)
plt.title('True Mask')
plt.imshow(y_test[idx].squeeze(), cmap='gray')

plt.subplot(1, 3, 3)
plt.title('Predicted Mask')
plt.imshow(y_pred[idx].squeeze(), cmap='gray')

plt.show()
```

Explicación

1. **Cargar y Preprocesar los Datos**: Utilizamos funciones personalizadas para cargar imágenes y máscaras desde directorios específicos, redimensionarlas y normalizarlas.
2. **Dividir los Datos**: Los datos se dividen en conjuntos de entrenamiento y prueba.
3. **Modelo de Red Neuronal (U-Net)**: Creamos un modelo de red neuronal tipo U-Net, que es una arquitectura comúnmente utilizada para tareas de segmentación de imágenes.
4. **Entrenamiento**: Entrenamos el modelo con los datos de entrenamiento.
5. **Evaluación**: Evaluamos el modelo con los datos de prueba y mostramos la pérdida y precisión.
6. **Visualización**: Graficamos una imagen de prueba, su máscara verdadera y la máscara predicha por el modelo para analizar visualmente el rendimiento del modelo.

Este ejemplo básico muestra cómo utilizar una red neuronal para resolver un problema de segmentación de imágenes, en este caso, segmentar imágenes de calles para etiquetar cada píxel con una clase específica (e.g., carretera, edificio, vehículo, etc.).

Ejercicio 33. Reconocimiento de dígitos manuscritos (MNIST).

Ejercicio básico de reconocimiento de dígitos manuscritos utilizando el conjunto de datos MNIST. Este ejercicio emplea Python y TensorFlow/Keras.

Ejercicio: Reconocimiento de Dígitos Manuscritos con MNIST

Objetivo

Entrenar una red neuronal simple para clasificar imágenes de dígitos manuscritos del conjunto de datos MNIST.

Instrucciones:

2. **Instalación de Dependencias**

    Asegúrate de tener instaladas las bibliotecas necesarias:

    ```
    pip install tensorflow numpy matplotlib
    ```

3. **Importación de Bibliotecas**

    ```python
    import tensorflow as tf
    from tensorflow.keras.datasets import mnist
    from tensorflow.keras.models import Sequential
    from tensorflow.keras.layers import Dense, Flatten
    from tensorflow.keras.utils import to_categorical
    import matplotlib.pyplot as plt
    ```

4. Cargar y Preprocesar el Conjunto de Datos MNIST

```python
# Cargar el conjunto de datos MNIST
(x_train, y_train), (x_test, y_test) = mnist.load_data()

# Normalizar las imágenes de 0-255 a 0-1
x_train = x_train.astype('float32') / 255
x_test = x_test.astype('float32') / 255

# Convertir las etiquetas a one-hot encoding
y_train = to_categorical(y_train, 10)
y_test = to_categorical(y_test, 10)
```

5. Construcción del Modelo

```python
model = Sequential([
    Flatten(input_shape=(28, 28)),  # Convertir las imágenes 28x28 en vectores de 784 elementos
    Dense(128, activation='relu'),  # Capa oculta con 128 neuronas y función de activación ReLU
    Dense(10, activation='softmax') # Capa de salida con 10 neuronas (una por cada dígito) y función de activación softmax
])

# Compilar el modelo
model.compile(optimizer='adam',
              loss='categorical_crossentropy',
              metrics=['accuracy'])
```

6. **Entrenamiento del Modelo**

```
history = model.fit(x_train, y_train, epochs=10,
batch_size=32, validation_split=0.2)
```

7. **Evaluación del Modelo**

```
test_loss, test_acc = model.evaluate(x_test, y_test)
print(f'Test accuracy: {test_acc:.4f}')
```

8. **Visualización de Resultados**

```
# Graficar precisión de entrenamiento y validación
plt.plot(history.history['accuracy'], label='Train Accuracy')
plt.plot(history.history['val_accuracy'], label='Validation Accuracy')
plt.xlabel('Epoch')
plt.ylabel('Accuracy')
plt.legend()
plt.show()
```

Resultado:

```
Epoch 1/10
1500/1500 ──────────────────── 2s 828us/step
- accuracy: 0.8638 - loss: 0.4778 - val_accuracy: 0.9532 -
val_loss: 0.1632
Epoch 2/10
1500/1500 ──────────────────── 1s 759us/step
- accuracy: 0.9600 - loss: 0.1396 - val_accuracy: 0.9601 -
val_loss: 0.1301
Epoch 3/10
```

```
1500/1500 ──────────────────────── 1s 739us/step
- accuracy: 0.9719 - loss: 0.0941 - val_accuracy: 0.9683 -
val_loss: 0.1095
Epoch 4/10
1500/1500 ──────────────────────── 1s 732us/step
- accuracy: 0.9803 - loss: 0.0682 - val_accuracy: 0.9715 -
val_loss: 0.0959
Epoch 5/10
1500/1500 ──────────────────────── 1s 743us/step
- accuracy: 0.9843 - loss: 0.0498 - val_accuracy: 0.9720 -
val_loss: 0.0962
Epoch 6/10
1500/1500 ──────────────────────── 1s 750us/step
- accuracy: 0.9884 - loss: 0.0391 - val_accuracy: 0.9738 -
val_loss: 0.0911
Epoch 7/10
1500/1500 ──────────────────────── 1s 778us/step
- accuracy: 0.9913 - loss: 0.0297 - val_accuracy: 0.9743 -
val_loss: 0.0925
Epoch 8/10
1500/1500 ──────────────────────── 1s 769us/step
- accuracy: 0.9928 - loss: 0.0251 - val_accuracy: 0.9745 -
val_loss: 0.0899
Epoch 9/10
1500/1500 ──────────────────────── 1s 747us/step
- accuracy: 0.9949 - loss: 0.0188 - val_accuracy: 0.9729 -
val_loss: 0.1025
Epoch 10/10
1500/1500 ──────────────────────── 1s 754us/step
- accuracy: 0.9958 - loss: 0.0152 - val_accuracy: 0.9746 -
val_loss: 0.0956
313/313 ──────────────────────── 0s 415us/step -
accuracy: 0.9741 - loss: 0.0921
Test accuracy: 0.9774
```

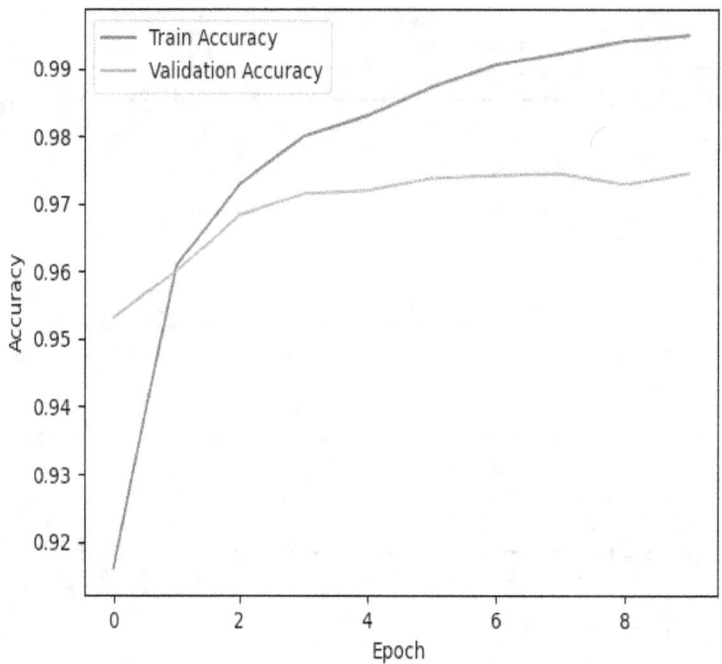

Explicación del Ejercicio

11. Carga y Preprocesamiento de Datos:

- Se cargan los datos de MNIST, que consisten en imágenes de dígitos manuscritos de 28x28 píxeles.
- Las imágenes se normalizan para que los valores de los píxeles estén entre 0 y 1.
- Las etiquetas se convierten a formato one-hot encoding.

12. Construcción del Modelo:

- Se utiliza un modelo secuencial con una capa Flatten para convertir las imágenes 2D en vectores 1D.

- Se agrega una capa Dense oculta con 128 neuronas y activación ReLU.
- La capa de salida es otra capa Dense con 10 neuronas (una para cada dígito) y activación softmax.

13. Compilación y Entrenamiento del Modelo:

- El modelo se compila con el optimizador Adam y la función de pérdida de entropía cruzada categórica.
- Se entrena el modelo con los datos de entrenamiento durante 10 épocas, usando el 20% de los datos para validación.

14. Evaluación del Modelo:

- Se evalúa el modelo con los datos de prueba y se imprime la precisión del modelo en el conjunto de prueba.

15. Visualización de Resultados:

- Se grafica la precisión de entrenamiento y validación a lo largo de las épocas para visualizar el rendimiento del modelo.

Este ejercicio te proporcionará una comprensión básica de cómo construir, entrenar y evaluar una red neuronal simple para la tarea de clasificación de dígitos manuscritos utilizando el conjunto de datos MNIST.

Aquí tienes otro ejercicio de reconocimiento de dígitos manuscritos, esta vez utilizando una red neuronal convolucional (CNN), que es más adecuada para tareas de procesamiento de imágenes. Utilizaremos TensorFlow y Keras para implementar este modelo.

Ejercicio 34 . Reconocimiento de Dígitos Manuscritos con MNIST usando CNN

Objetivo:

Entrenar una red neuronal convolucional para clasificar imágenes de dígitos manuscritos del conjunto de datos MNIST.

Instrucciones

1. **Instalación de Dependencias**

   Asegúrate de tener instaladas las bibliotecas necesarias:

   ```
   pip install tensorflow numpy matplotlib
   ```

2. **Importación de Bibliotecas**

   ```
   import tensorflow as tf
   from tensorflow.keras.datasets import mnist
   from tensorflow.keras.models import Sequential
   from tensorflow.keras.layers import Conv2D, MaxPooling2D, Flatten, Dense
   from tensorflow.keras.utils import to_categorical
   import matplotlib.pyplot as plt
   ```

3. Cargar y Preprocesar el Conjunto de Datos MNIST

```
# Cargar el conjunto de datos MNIST
(x_train, y_train), (x_test, y_test) = mnist.load_data()

# Redimensionar las imágenes a 28x28x1 (agregar una dimensión para el canal de color)
x_train = x_train.reshape((x_train.shape[0], 28, 28, 1)).astype('float32') / 255
x_test = x_test.reshape((x_test.shape[0], 28, 28, 1)).astype('float32') / 255

# Convertir las etiquetas a one-hot encoding
y_train = to_categorical(y_train, 10)
y_test = to_categorical(y_test, 10)
```

9. Construcción del Modelo CNN

```
model = Sequential([
    Conv2D(32, (3, 3), activation='relu', input_shape=(28, 28, 1)),  # Capa convolucional con 32 filtros 3x3
    MaxPooling2D((2, 2)),  # Capa de pooling
    Conv2D(64, (3, 3), activation='relu'),  # Segunda capa convolucional con 64 filtros 3x3
    MaxPooling2D((2, 2)),  # Segunda capa de pooling
    Flatten(),  # Aplanar la salida
    Dense(64, activation='relu'),  # Capa densa con 64 neuronas
```

```python
    Dense(10, activation='softmax')  # Capa de salida con 10 neuronas y activación softmax
])

# Compilar el modelo
model.compile(optimizer='adam',
              loss='categorical_crossentropy',
              metrics=['accuracy'])
```

10. Entrenamiento del Modelo

```python
history = model.fit(x_train, y_train, epochs=10, batch_size=32, validation_split=0.2)
```

11. Evaluación del Modelo

```python
test_loss, test_acc = model.evaluate(x_test, y_test)
print(f'Test accuracy: {test_acc:.4f}')
```

12. Visualización de Resultados

```python
# Graficar precisión de entrenamiento y validación
plt.plot(history.history['accuracy'], label='Train Accuracy')
plt.plot(history.history['val_accuracy'], label='Validation Accuracy')
plt.xlabel('Epoch')
plt.ylabel('Accuracy')
plt.legend()
plt.show()
```

Explicación del Ejercicio:

13. Carga y Preprocesamiento de Datos:

- Se cargan los datos de MNIST y se redimensionan las imágenes a 28x28x1, agregando una dimensión adicional para el canal de color.
- Las imágenes se normalizan para que los valores de los píxeles estén entre 0 y 1.
- Las etiquetas se convierten a formato one-hot encoding.

14. Construcción del Modelo CNN:

- Se utiliza un modelo secuencial con capas convolucionales y de pooling.
- La primera capa convolucional tiene 32 filtros 3x3, seguida de una capa de pooling.
- La segunda capa convolucional tiene 64 filtros 3x3, seguida de otra capa de pooling.
- La salida de las capas convolucionales se aplana y se pasa a una capa densa con 64 neuronas.
- La capa de salida es otra capa densa con 10 neuronas (una para cada dígito) y activación softmax.

15. Compilación y Entrenamiento del Modelo:

- El modelo se compila con el optimizador Adam y la función de pérdida de entropía cruzada categórica.

- Se entrena el modelo con los datos de entrenamiento durante 10 épocas, usando el 20% de los datos para validación.

16. **Evaluación del Modelo:**

    - Se evalúa el modelo con los datos de prueba y se imprime la precisión del modelo en el conjunto de prueba.

17. **Visualización de Resultados:**

    - Se grafica la precisión de entrenamiento y validación a lo largo de las épocas para visualizar el rendimiento del modelo.

Este ejercicio muestra cómo utilizar redes neuronales convolucionales para mejorar el rendimiento en tareas de reconocimiento de imágenes, aprovechando la estructura espacial de los datos.

Aquí tienes otro ejercicio de reconocimiento de dígitos manuscritos, esta vez utilizando una red neuronal convolucional (CNN) más compleja y aplicando técnicas de regularización para mejorar la generalización del modelo. Utilizaremos TensorFlow y Keras para implementar este modelo.

Ejercicio 35. Reconocimiento de Dígitos Manuscritos con CNN y Regularización

Objetivo

Entrenar una red neuronal convolucional con técnicas de regularización para clasificar imágenes de dígitos manuscritos del conjunto de datos MNIST.

Instrucciones

13. **Instalación de Dependencias**

    Asegúrate de tener instaladas las bibliotecas necesarias:

    ```
    pip install tensorflow numpy matplotlib
    ```

14. **Importación de Bibliotecas**

    ```
    import tensorflow as tf
    from tensorflow.keras.datasets import mnist
    from tensorflow.keras.models import Sequential
    ```

```python
from tensorflow.keras.layers import Conv2D,
MaxPooling2D, Flatten, Dense, Dropout
from tensorflow.keras.utils import to_categorical
import matplotlib.pyplot as plt
```

15. Cargar y Preprocesar el Conjunto de Datos MNIST

```python
# Cargar el conjunto de datos MNIST
(x_train, y_train), (x_test, y_test) = mnist.load_data()

# Redimensionar las imágenes a 28x28x1 (agregar una dimensión para el canal de color)
x_train = x_train.reshape((x_train.shape[0], 28, 28, 1)).astype('float32') / 255
x_test = x_test.reshape((x_test.shape[0], 28, 28, 1)).astype('float32') / 255

# Convertir las etiquetas a one-hot encoding
y_train = to_categorical(y_train, 10)
y_test = to_categorical(y_test, 10)
```

16. Construcción del Modelo CNN con Regularización

```python
model = Sequential([
    Conv2D(32, (3, 3), activation='relu', input_shape=(28, 28, 1)),  # Capa convolucional con 32 filtros 3x3
    MaxPooling2D((2, 2)),  # Capa de pooling
    Dropout(0.25),  # Dropout para regularización
    Conv2D(64, (3, 3), activation='relu'),  # Segunda capa convolucional con 64 filtros 3x3
    MaxPooling2D((2, 2)),  # Segunda capa de pooling
```

```
    Dropout(0.25),  # Dropout para regularización
    Flatten(),  # Aplanar la salida
    Dense(128, activation='relu'),  # Capa densa con
128 neuronas
    Dropout(0.5),  # Dropout para regularización
    Dense(10, activation='softmax')  # Capa de
salida con 10 neuronas y activación softmax
])

# Compilar el modelo
model.compile(optimizer='adam',
              loss='categorical_crossentropy',
              metrics=['accuracy'])
```

17. Entrenamiento del Modelo

```
history = model.fit(x_train, y_train, epochs=10,
batch_size=32, validation_split=0.2)
```

18. Evaluación del Modelo

```
test_loss, test_acc = model.evaluate(x_test, y_test)
print(f'Test accuracy: {test_acc:.4f}')
```

19. Visualización de Resultados

```
# Graficar precisión de entrenamiento y validación
plt.plot(history.history['accuracy'], label='Train
Accuracy')
plt.plot(history.history['val_accuracy'],
label='Validation Accuracy')
plt.xlabel('Epoch')
plt.ylabel('Accuracy')
plt.legend()
```

```
plt.show()

# Graficar pérdida de entrenamiento y validación
plt.plot(history.history['loss'], label='Train
Loss')
plt.plot(history.history['val_loss'],
label='Validation Loss')
plt.xlabel('Epoch')
plt.ylabel('Loss')
plt.legend()
plt.show()
```

Explicación del Ejercicio

20. **Carga y Preprocesamiento de Datos:**

    o   Se cargan los datos de MNIST y se redimensionan las imágenes a 28x28x1, agregando una dimensión adicional para el canal de color.

    o   Las imágenes se normalizan para que los valores de los píxeles estén entre 0 y 1.

    o   Las etiquetas se convierten a formato one-hot encoding.

21. **Construcción del Modelo CNN con Regularización:**

    o   Se utiliza un modelo secuencial con capas convolucionales y de pooling.

    o   La primera capa convolucional tiene 32 filtros 3x3, seguida de una capa de pooling y una capa Dropout para regularización.

    o   La segunda capa convolucional tiene 64 filtros 3x3, seguida de otra capa de pooling y otra capa Dropout.

- La salida de las capas convolucionales se aplana y se pasa a una capa densa con 128 neuronas, seguida de una capa Dropout.
- La capa de salida es otra capa densa con 10 neuronas (una para cada dígito) y activación softmax.

22. Compilación y Entrenamiento del Modelo:

- El modelo se compila con el optimizador Adam y la función de pérdida de entropía cruzada categórica.
- Se entrena el modelo con los datos de entrenamiento durante 10 épocas, usando el 20% de los datos para validación.

23. Evaluación del Modelo:

- Se evalúa el modelo con los datos de prueba y se imprime la precisión del modelo en el conjunto de prueba.

24. Visualización de Resultados:

- Se grafican la precisión y la pérdida de entrenamiento y validación a lo largo de las épocas para visualizar el rendimiento del modelo.

Este ejercicio muestra cómo utilizar técnicas de regularización como Dropout para mejorar la generalización de una red neuronal convolucional, reduciendo el riesgo de sobreajuste y mejorando el rendimiento en datos no vistos.

Ejercicio 36. Dígitos manuscritos de datos MNIST.

Entrenar una red neuronal convolucional que incluya Batch Normalization y Leaky ReLU para clasificar imágenes de dígitos manuscritos del conjunto de datos MNIST.

Instrucciones

25. Instalación de Dependencias

Asegúrate de tener instaladas las bibliotecas necesarias:

```
pip install tensorflow numpy matplotlib
```

26. Importación de Bibliotecas

```
import tensorflow as tf
from tensorflow.keras.datasets import mnist
from tensorflow.keras.models import Sequential
from tensorflow.keras.layers import Conv2D, MaxPooling2D, Flatten, Dense, Dropout, BatchNormalization, LeakyReLU
from tensorflow.keras.utils import to_categorical
import matplotlib.pyplot as plt
```

27. Cargar y Preprocesar el Conjunto de Datos MNIST

```
# Cargar el conjunto de datos MNIST
(x_train, y_train), (x_test, y_test) = mnist.load_data()
```

```python
# Redimensionar las imágenes a 28x28x1 (agregar una dimensión para el canal de color)
x_train = x_train.reshape((x_train.shape[0], 28, 28, 1)).astype('float32') / 255
x_test = x_test.reshape((x_test.shape[0], 28, 28, 1)).astype('float32') / 255

# Convertir las etiquetas a one-hot encoding
y_train = to_categorical(y_train, 10)
y_test = to_categorical(y_test, 10)
```

28. Construcción del Modelo CNN con Batch Normalization y Leaky ReLU

```python
model = Sequential([
    Conv2D(32, (3, 3), input_shape=(28, 28, 1)),  # Capa convolucional con 32 filtros 3x3
    BatchNormalization(),  # Normalización de lotes
    LeakyReLU(alpha=0.1),  # Función de activación Leaky ReLU
    MaxPooling2D((2, 2)),  # Capa de pooling
    Dropout(0.25),  # Dropout para regularización

    Conv2D(64, (3, 3)),  # Segunda capa convolucional con 64 filtros 3x3
    BatchNormalization(),  # Normalización de lotes
    LeakyReLU(alpha=0.1),  # Función de activación Leaky ReLU
    MaxPooling2D((2, 2)),  # Segunda capa de pooling
    Dropout(0.25),  # Dropout para regularización

    Flatten(),  # Aplanar la salida
```

```
    Dense(128),  # Capa densa con 128 neuronas
    BatchNormalization(),  # Normalización de lotes
    LeakyReLU(alpha=0.1),  # Función de activación
Leaky ReLU
    Dropout(0.5),  # Dropout para regularización

    Dense(10, activation='softmax')  # Capa de
salida con 10 neuronas y activación softmax
])

# Compilar el modelo
model.compile(optimizer='adam',
              loss='categorical_crossentropy',
              metrics=['accuracy'])
```

1. **Entrenamiento del Modelo**

```
history = model.fit(x_train, y_train, epochs=10,
batch_size=32, validation_split=0.2)
```

2. **Evaluación del Modelo**

```
test_loss, test_acc = model.evaluate(x_test, y_test)
print(f'Test accuracy: {test_acc:.4f}')
```

3. **Visualización de Resultados**

```
# Graficar precisión de entrenamiento y validación
plt.plot(history.history['accuracy'], label='Train
Accuracy')
plt.plot(history.history['val_accuracy'],
label='Validation Accuracy')
plt.xlabel('Epoch')
```

```
plt.ylabel('Accuracy')
plt.legend()
plt.show()

# Graficar pérdida de entrenamiento y validación
plt.plot(history.history['loss'], label='Train Loss')
plt.plot(history.history['val_loss'], label='Validation Loss')
plt.xlabel('Epoch')
plt.ylabel('Loss')
plt.legend()
plt.show()
```

Resultado:

```
Epoch 1/10
1500/1500 ──────────────── 9s 6ms/step - accuracy: 0.8476 - loss: 0.4917 - val_accuracy: 0.9793 - val_loss: 0.0701
Epoch 2/10
1500/1500 ──────────────── 9s 6ms/step - accuracy: 0.9631 - loss: 0.1215 - val_accuracy: 0.9850 - val_loss: 0.0506
Epoch 3/10
1500/1500 ──────────────── 9s 6ms/step - accuracy: 0.9733 - loss: 0.0887 - val_accuracy: 0.9865 - val_loss: 0.0443
Epoch 4/10
1500/1500 ──────────────── 9s 6ms/step - accuracy: 0.9760 - loss: 0.0750 - val_accuracy: 0.9898 - val_loss: 0.0342
Epoch 5/10
1500/1500 ──────────────── 9s 6ms/step - accuracy: 0.9780 - loss: 0.0727 - val_accuracy: 0.9883 - val_loss: 0.0373
Epoch 6/10
1500/1500 ──────────────── 10s 7ms/step - accuracy: 0.9806 - loss: 0.0627 - val_accuracy: 0.9893 - val_loss: 0.0371
Epoch 7/10
```

```
1500/1500 ──────────────── 10s 7ms/step -
accuracy: 0.9815 - loss: 0.0575 - val_accuracy: 0.9897 -
val_loss: 0.0336
Epoch 8/10
1500/1500 ──────────────── 10s 7ms/step -
accuracy: 0.9839 - loss: 0.0518 - val_accuracy: 0.9902 -
val_loss: 0.0326
Epoch 9/10
1500/1500 ──────────────── 10s 7ms/step -
accuracy: 0.9842 - loss: 0.0500 - val_accuracy: 0.9914 -
val_loss: 0.0303
Epoch 10/10
1500/1500 ──────────────── 10s 7ms/step -
accuracy: 0.9844 - loss: 0.0476 - val_accuracy: 0.9901 -
val_loss: 0.0337
313/313 ──────────────── 1s 2ms/step -
accuracy: 0.9890 - loss: 0.0322
Test accuracy: 0.9907
```

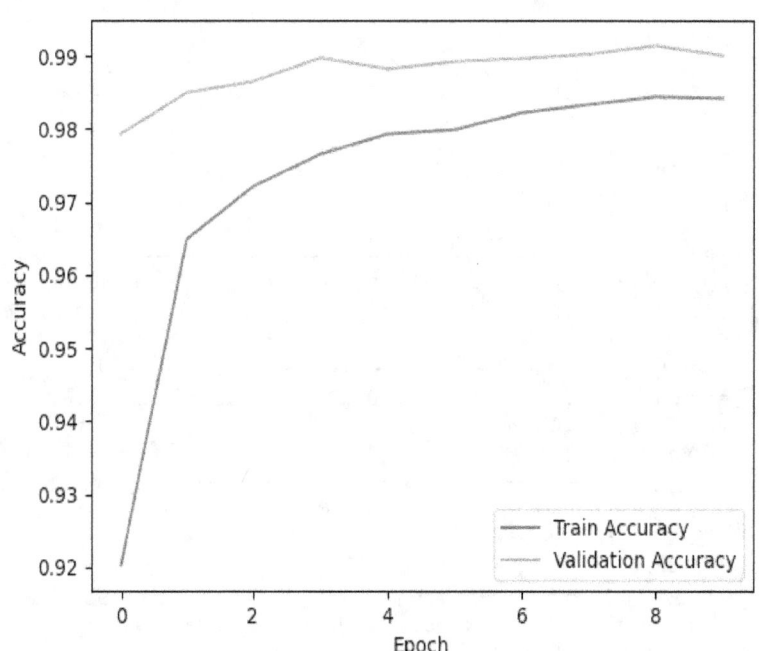

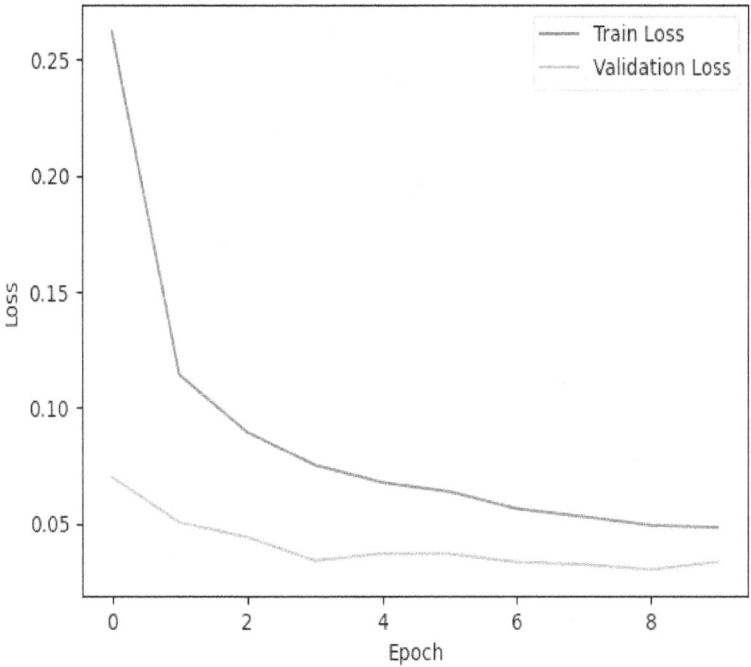

Explicación del Ejercicio

1. **Carga y Preprocesamiento de Datos:**

    - Se cargan los datos de MNIST y se redimensionan las imágenes a 28x28x1, agregando una dimensión adicional para el canal de color.
    - Las imágenes se normalizan para que los valores de los píxeles estén entre 0 y 1.
    - Las etiquetas se convierten a formato one-hot encoding.

2. **Construcción del Modelo CNN con Batch Normalization y Leaky ReLU:**

- Se utiliza un modelo secuencial con capas convolucionales y de pooling.
- La primera capa convolucional tiene 32 filtros 3x3, seguida de Batch Normalization, Leaky ReLU, una capa de pooling y Dropout para regularización.
- La segunda capa convolucional tiene 64 filtros 3x3, seguida de Batch Normalization, Leaky ReLU, otra capa de pooling y Dropout.
- La salida de las capas convolucionales se aplana y se pasa a una capa densa con 128 neuronas, Batch Normalization, Leaky ReLU y Dropout.
- La capa de salida es otra capa densa con 10 neuronas (una para cada dígito) y activación softmax.

3. **Compilación y Entrenamiento del Modelo:**

    - El modelo se compila con el optimizador Adam y la función de pérdida de entropía cruzada categórica.
    - Se entrena el modelo con los datos de entrenamiento durante 10 épocas, usando el 20% de los datos para validación.

4. **Evaluación del Modelo:**

    - Se evalúa el modelo con los datos de prueba y se imprime la precisión del modelo en el conjunto de prueba.

5. **Visualización de Resultados:**

    o Se grafican la precisión y la pérdida de entrenamiento y validación a lo largo de las épocas para visualizar el rendimiento del modelo.

Este ejercicio demuestra cómo agregar Batch Normalization y Leaky ReLU puede ayudar a estabilizar y acelerar el entrenamiento de redes neuronales profundas, mejorando su rendimiento y capacidad de generalización.

Ejercicio 37. Dígitos manuscritos con Augmentation.

Aquí tienes otro ejercicio de reconocimiento de dígitos manuscritos utilizando una red neuronal convolucional (CNN). Esta vez, vamos a agregar la técnica de data augmentation (aumento de datos) para mejorar la generalización del modelo.

Reconocimiento de Dígitos Manuscritos con CNN y Data Augmentation

Objetivo

Entrenar una red neuronal convolucional utilizando data augmentation para clasificar imágenes de dígitos manuscritos del conjunto de datos MNIST.

Instrucciones

1. **Instalación de Dependencias**

    Asegúrate de tener instaladas las bibliotecas necesarias:

    ```
    pip install tensorflow numpy matplotlib
    ```

2. **Importación de Bibliotecas**

    ```
    import tensorflow as tf
    from tensorflow.keras.datasets import mnist
    from tensorflow.keras.models import Sequential
    ```

```
from tensorflow.keras.layers import Conv2D,
MaxPooling2D, Flatten, Dense, Dropout,
BatchNormalization
from tensorflow.keras.preprocessing.image import
ImageDataGenerator
from tensorflow.keras.utils import to_categorical
import matplotlib.pyplot as plt
```

3. **Cargar y Preprocesar el Conjunto de Datos MNIST**

```
# Cargar el conjunto de datos MNIST
(x_train, y_train), (x_test, y_test) =
mnist.load_data()

# Redimensionar las imágenes a 28x28x1 (agregar una
dimensión para el canal de color)
x_train = x_train.reshape((x_train.shape[0], 28, 28,
1)).astype('float32') / 255
x_test = x_test.reshape((x_test.shape[0], 28, 28,
1)).astype('float32') / 255

# Convertir las etiquetas a one-hot encoding
y_train = to_categorical(y_train, 10)
y_test = to_categorical(y_test, 10)
```

4. **Configuración de Data Augmentation**

```
datagen = ImageDataGenerator(
    rotation_range=10,    # Rotar imágenes
aleatoriamente hasta 10 grados
    zoom_range=0.1,       # Aplicar zoom aleatorio
    width_shift_range=0.1,# Desplazar imágenes
horizontalmente
```

```
    height_shift_range=0.1# Desplazar imágenes verticalmente
)

# Ajustar el generador al conjunto de datos de entrenamiento
datagen.fit(x_train)
```

5. Construcción del Modelo CNN con Batch Normalization

```
model = Sequential([
    Conv2D(32, (3, 3), input_shape=(28, 28, 1)),  # Capa convolucional con 32 filtros 3x3
    BatchNormalization(),  # Normalización de lotes
    tf.keras.layers.ReLU(),  # Función de activación ReLU
    MaxPooling2D((2, 2)),  # Capa de pooling
    Dropout(0.25),  # Dropout para regularización

    Conv2D(64, (3, 3)),  # Segunda capa convolucional con 64 filtros 3x3
    BatchNormalization(),  # Normalización de lotes
    tf.keras.layers.ReLU(),  # Función de activación ReLU
    MaxPooling2D((2, 2)),  # Segunda capa de pooling
    Dropout(0.25),  # Dropout para regularización

    Flatten(),  # Aplanar la salida
    Dense(128),  # Capa densa con 128 neuronas
    BatchNormalization(),  # Normalización de lotes
    tf.keras.layers.ReLU(),  # Función de activación ReLU
    Dropout(0.5),  # Dropout para regularización
```

```python
    Dense(10, activation='softmax')  # Capa de salida con 10 neuronas y activación softmax
])

# Compilar el modelo
model.compile(optimizer='adam',
              loss='categorical_crossentropy',
              metrics=['accuracy'])
```

6. Entrenamiento del Modelo con Data Augmentation

```python
# Entrenar el modelo utilizando el generador de data augmentation
history = model.fit(datagen.flow(x_train, y_train, batch_size=32),
                    epochs=10,
                    validation_data=(x_test, y_test))
```

7. Evaluación del Modelo

```python
test_loss, test_acc = model.evaluate(x_test, y_test)
print(f'Test accuracy: {test_acc:.4f}')
```

8. Visualización de Resultados

```python
# Graficar precisión de entrenamiento y validación
plt.plot(history.history['accuracy'], label='Train Accuracy')
plt.plot(history.history['val_accuracy'], label='Validation Accuracy')
plt.xlabel('Epoch')
plt.ylabel('Accuracy')
plt.legend()
plt.show()
```

```python
# Graficar pérdida de entrenamiento y validación
plt.plot(history.history['loss'], label='Train Loss')
plt.plot(history.history['val_loss'], label='Validation Loss')
plt.xlabel('Epoch')
plt.ylabel('Loss')
plt.legend()
plt.show()
```

Resultado:

```
1875/1875 ──────────────────────── 12s 6ms/step - accuracy: 0.7560 - loss: 0.7696 - val_accuracy: 0.9825 - val_loss: 0.0607
Epoch 2/10
1875/1875 ──────────────────────── 11s 6ms/step - accuracy: 0.9314 - loss: 0.2259 - val_accuracy: 0.9893 - val_loss: 0.0354
Epoch 3/10
1875/1875 ──────────────────────── 12s 6ms/step - accuracy: 0.9458 - loss: 0.1755 - val_accuracy: 0.9905 - val_loss: 0.0282
Epoch 4/10
1875/1875 ──────────────────────── 12s 6ms/step - accuracy: 0.9523 - loss: 0.1564 - val_accuracy: 0.9913 - val_loss: 0.0248
Epoch 5/10
1875/1875 ──────────────────────── 13s 7ms/step - accuracy: 0.9614 - loss: 0.1294 - val_accuracy: 0.9895 - val_loss: 0.0301
Epoch 6/10
1875/1875 ──────────────────────── 13s 7ms/step - accuracy: 0.9655 - loss: 0.1167 - val_accuracy: 0.9939 - val_loss: 0.0201
Epoch 7/10
1875/1875 ──────────────────────── 13s 7ms/step - accuracy: 0.9674 - loss: 0.1070 - val_accuracy: 0.9929 - val_loss: 0.0213
Epoch 8/10
1875/1875 ──────────────────────── 13s 7ms/step - accuracy: 0.9656 - loss: 0.1138 - val_accuracy: 0.9922 - val_loss: 0.0218
Epoch 9/10
```

```
1875/1875 ──────────────────────────── 13s 7ms/step -
accuracy: 0.9698 - loss: 0.1014 - val_accuracy: 0.9934 -
val_loss: 0.0205
Epoch 10/10
1875/1875 ──────────────────────────── 13s 7ms/step -
accuracy: 0.9701 - loss: 0.0991 - val_accuracy: 0.9949 -
val_loss: 0.0174
313/313 ──────────────────────────── 0s 1ms/step -
accuracy: 0.9928 - loss: 0.0207
Test accuracy: 0.9949
```

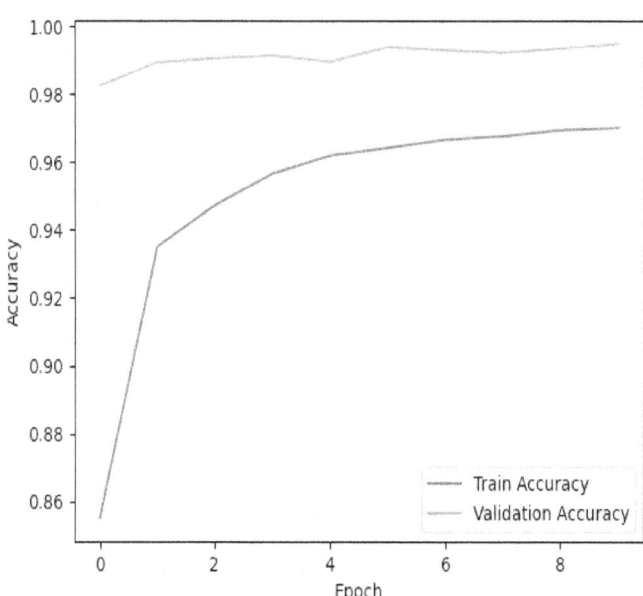

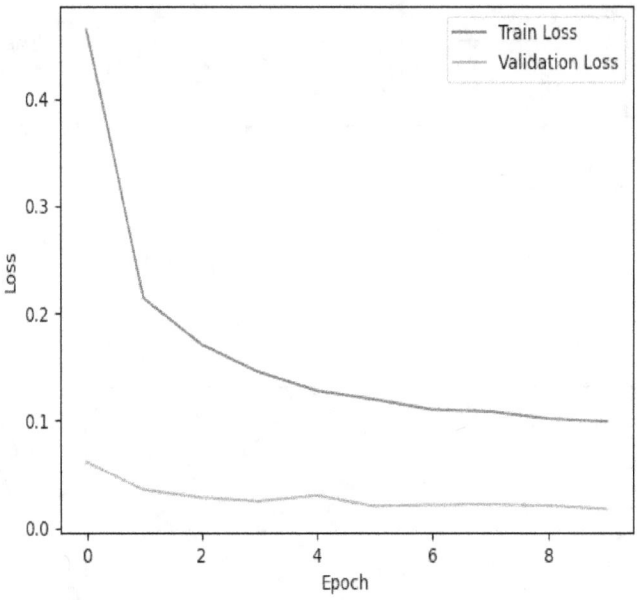

Explicación del Ejercicio

1. **Carga y Preprocesamiento de Datos:**
    - Se cargan los datos de MNIST y se redimensionan las imágenes a 28x28x1, agregando una dimensión adicional para el canal de color.
    - Las imágenes se normalizan para que los valores de los píxeles estén entre 0 y 1.
    - Las etiquetas se convierten a formato one-hot encoding.

9. **Configuración de Data Augmentation:**
    - Se configura el ImageDataGenerator para aplicar rotación, zoom y desplazamiento aleatorios a las imágenes.
    - El generador se ajusta al conjunto de datos de entrenamiento.

10. **Construcción del Modelo CNN con Batch Normalization:**
    - Se utiliza un modelo secuencial con capas convolucionales y de pooling.
    - Las capas convolucionales y densas están seguidas de Batch Normalization y ReLU para estabilizar y acelerar el entrenamiento.
    - Se aplican capas Dropout para regularización y reducir el sobreajuste.

11. **Entrenamiento del Modelo con Data Augmentation:**
    - El modelo se entrena utilizando el generador de data augmentation, que genera nuevas imágenes en cada época aplicando transformaciones aleatorias a las imágenes de entrenamiento.

12. **Evaluación del Modelo:**
    - Se evalúa el modelo con los datos de prueba y se imprime la precisión del modelo en el conjunto de prueba.

13. Visualización de Resultados:

- Se grafican la precisión y la pérdida de entrenamiento y validación a lo largo de las épocas para visualizar el rendimiento del modelo.

Este ejercicio demuestra cómo utilizar técnicas de data augmentation para aumentar la cantidad y la diversidad de los datos de entrenamiento, mejorando así la capacidad de generalización del modelo.

Ejercicio 38. Dígitos manuscritos con transfer learning.

Aquí tienes otro ejercicio de reconocimiento de dígitos manuscritos utilizando una red neuronal convolucional (CNN). En esta ocasión, vamos a incorporar la técnica de transfer learning utilizando un modelo preentrenado (MobileNetV2) como extractor de características.

Reconocimiento de Dígitos Manuscritos con CNN y Transfer Learning usando MobileNetV2

Objetivo:

Entrenar una red neuronal convolucional utilizando transfer learning con MobileNetV2 para clasificar imágenes de dígitos manuscritos del conjunto de datos MNIST.

Solución:

```python
import tensorflow as tf
from tensorflow.keras.datasets import mnist
from tensorflow.keras.utils import to_categorical
from tensorflow.keras.models import Sequential
from tensorflow.keras.layers import Dense, GlobalAveragePooling2D, Dropout
from tensorflow.keras.applications import MobileNetV2
import matplotlib.pyplot as plt
import numpy as np

# Cargar el conjunto de datos MNIST
```

```python
(x_train, y_train), (x_test, y_test) = mnist.load_data()

# Redimensionar las imágenes a 32x32x1 y luego convertirlas a 32x32x3 para que coincidan con el tamaño de entrada esperado por MobileNetV2
x_train = np.stack([np.stack([x] * 3, axis=-1) for x in x_train])
x_test = np.stack([np.stack([x] * 3, axis=-1) for x in x_test])

# Redimensionar las imágenes a 32x32
x_train = tf.image.resize(x_train, (32, 32))
x_test = tf.image.resize(x_test, (32, 32))

# Normalizar las imágenes
x_train = x_train / 255.0
x_test = x_test / 255.0

# Convertir las etiquetas a one-hot encoding
y_train = to_categorical(y_train, 10)
y_test = to_categorical(y_test, 10)

# Cargar el modelo MobileNetV2 preentrenado, excluyendo las capas superiores
base_model = MobileNetV2(input_shape=(32, 32, 3), include_top=False, weights='imagenet')

# Congelar las capas del modelo base
base_model.trainable = False

# Construir el modelo
model = Sequential([
```

```python
    base_model,  # Modelo base como extractor de características
    GlobalAveragePooling2D(),  # Pooling global para reducir la dimensionalidad
    Dense(128, activation='relu'),  # Capa densa con 128 neuronas
    Dropout(0.5),  # Dropout para regularización
    Dense(10, activation='softmax')  # Capa de salida con 10 neuronas y activación softmax
])

# Compilar el modelo
model.compile(optimizer='adam',
              loss='categorical_crossentropy',
              metrics=['accuracy'])

# Entrenar el modelo
history = model.fit(x_train, y_train, epochs=10, validation_data=(x_test, y_test), batch_size=32)

# Evaluar el modelo en el conjunto de prueba
test_loss, test_acc = model.evaluate(x_test, y_test)
print(f'Test accuracy: {test_acc:.4f}')

# Graficar precisión de entrenamiento y validación
plt.plot(history.history['accuracy'], label='Train Accuracy')
plt.plot(history.history['val_accuracy'], label='Validation Accuracy')
plt.xlabel('Epoch')
plt.ylabel('Accuracy')
plt.legend()
plt.show()
```

```python
# Graficar pérdida de entrenamiento y validación
plt.plot(history.history['loss'], label='Train Loss')
plt.plot(history.history['val_loss'], label='Validation Loss')
plt.xlabel('Epoch')
plt.ylabel('Loss')
plt.legend()
plt.show()
```

Resultado:

```
Epoch 1/10
1875/1875 ──────────────── 29s 14ms/step - accuracy: 0.5205 - loss: 1.4234 - val_accuracy: 0.6752 - val_loss: 0.9601
Epoch 2/10
1875/1875 ──────────────── 27s 14ms/step - accuracy: 0.6567 - loss: 1.0061 - val_accuracy: 0.6901 - val_loss: 0.9048
Epoch 3/10
1875/1875 ──────────────── 26s 14ms/step - accuracy: 0.6710 - loss: 0.9568 - val_accuracy: 0.6987 - val_loss: 0.8796
Epoch 4/10
1875/1875 ──────────────── 30s 16ms/step - accuracy: 0.6818 - loss: 0.9326 - val_accuracy: 0.7066 - val_loss: 0.8611
Epoch 5/10
1875/1875 ──────────────── 28s 15ms/step - accuracy: 0.6857 - loss: 0.9224 - val_accuracy: 0.7082 - val_loss: 0.8505
Epoch 6/10
1875/1875 ──────────────── 29s 16ms/step - accuracy: 0.6875 - loss: 0.9163 - val_accuracy: 0.7105 - val_loss: 0.8382
Epoch 7/10
1875/1875 ──────────────── 29s 16ms/step - accuracy: 0.6942 - loss: 0.8990 - val_accuracy: 0.7163 - val_loss: 0.8322
Epoch 8/10
```

```
1875/1875 ──────────────── 28s
15ms/step - accuracy: 0.6965 - loss: 0.8882 -
val_accuracy: 0.7140 - val_loss: 0.8269
Epoch 9/10
1875/1875 ──────────────── 29s
15ms/step - accuracy: 0.7003 - loss: 0.8818 -
val_accuracy: 0.7187 - val_loss: 0.8233
Epoch 10/10
1875/1875 ──────────────── 29s
16ms/step - accuracy: 0.7035 - loss: 0.8797 -
val_accuracy: 0.7169 - val_loss: 0.8210
313/313 ──────────────── 4s
12ms/step - accuracy: 0.7057 - loss: 0.8515

Test accuracy: 0.7169
```

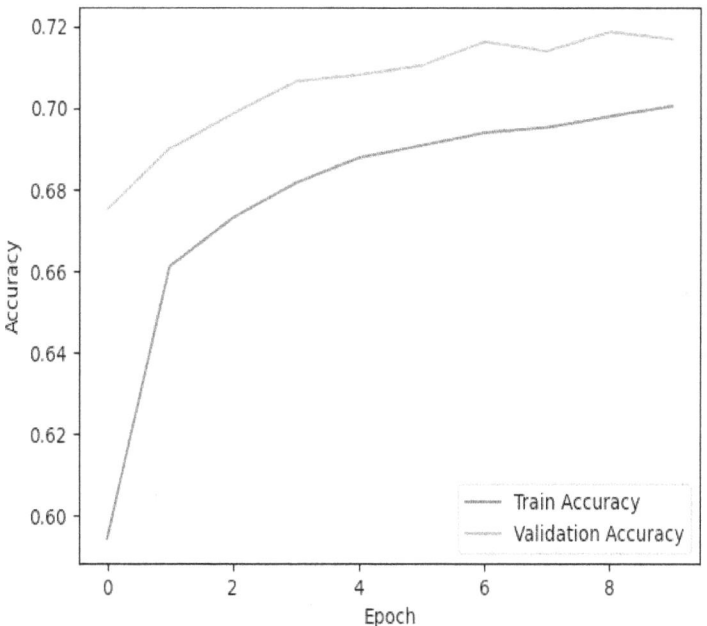

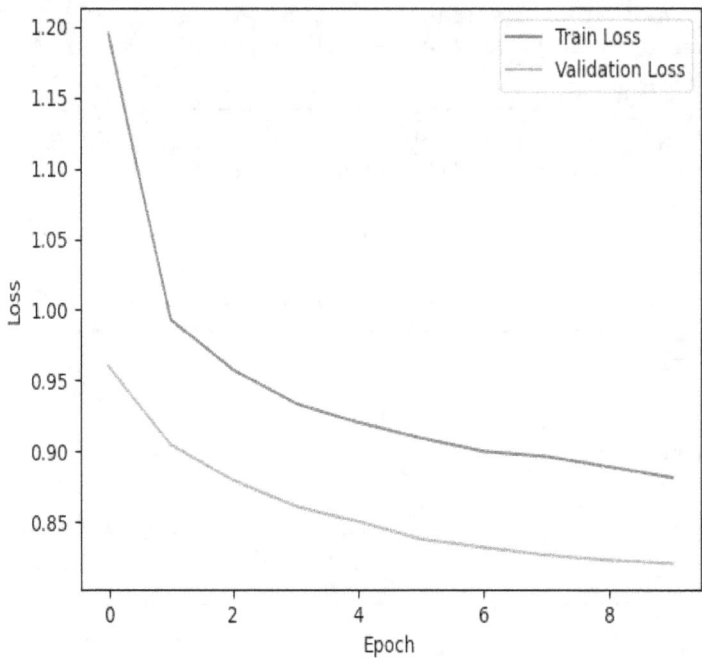

Explicación del Ejercicio

1. **Carga y Preprocesamiento de Datos:**
   - Se cargan los datos de MNIST y se redimensionan las imágenes a 32x32x3, agregando tres canales de color (necesario para MobileNetV2).
   - Las imágenes se redimensionan a 32x32 y se normalizan para que los valores de los píxeles estén entre 0 y 1.
   - Las etiquetas se convierten a formato one-hot encoding.
2. **Configuración de Data Augmentation:**
   - Se configura el ImageDataGenerator para aplicar rotación, zoom y desplazamiento aleatorios a las imágenes.

- El generador se ajusta al conjunto de datos de entrenamiento.

3. **Construcción del Modelo CNN con MobileNetV2:**
    - Se carga el modelo MobileNetV2 preentrenado con pesos de ImageNet, excluyendo las capas superiores.
    - Se congela el modelo base para evitar que sus pesos se actualicen durante el entrenamiento.
    - Se construye un nuevo modelo agregando capas adicionales sobre el modelo base, incluyendo GlobalAveragePooling2D, una capa densa con activación ReLU y Dropout, y una capa de salida con activación softmax.

4. **Entrenamiento del Modelo con Data Augmentation:**
    - El modelo se entrena utilizando el generador de data augmentation, que genera nuevas imágenes en cada época aplicando transformaciones aleatorias a las imágenes de entrenamiento.

5. **Evaluación del Modelo:**
    - Se evalúa el modelo con los datos de prueba y se imprime la precisión del modelo en el conjunto de prueba.

6. **Visualización de Resultados:**
    - Se grafican la precisión y la pérdida de entrenamiento y validación a lo largo de las épocas para visualizar el rendimiento del modelo.

Este ejercicio demuestra cómo utilizar transfer learning con un modelo preentrenado como MobileNetV2 para mejorar la capacidad de un modelo de reconocer dígitos manuscritos, aprovechando características aprendidas previamente en un conjunto de datos más grande y diverso.

Ejercicio 39. Dígitos manuscritos con transfer learning.

Aquí tienes otro ejercicio de reconocimiento de dígitos manuscritos utilizando una red neuronal convolucional (CNN). En esta ocasión, vamos a incorporar la técnica de transfer learning utilizando un modelo preentrenado (MobileNetV2) como extractor de características.

Reconocimiento de Dígitos Manuscritos con CNN y Transfer Learning usando MobileNetV2

Objetivo

Entrenar una red neuronal convolucional utilizando transfer learning con MobileNetV2 para clasificar imágenes de dígitos manuscritos del conjunto de datos MNIST.

Solución:

```
import tensorflow as tf
from tensorflow.keras.datasets import mnist
from tensorflow.keras.models import Sequential
from tensorflow.keras.layers import Dense, Flatten, Dropout, GlobalAveragePooling2D
from tensorflow.keras.applications import MobileNetV2
from tensorflow.keras.preprocessing.image import ImageDataGenerator
from tensorflow.keras.utils import to_categorical
import numpy as np
import matplotlib.pyplot as plt
```

```python
# Cargar el conjunto de datos MNIST
(x_train, y_train), (x_test, y_test) = mnist.load_data()

# Redimensionar las imágenes a 32x32x3 (necesario
# para MobileNetV2 que espera imágenes de 3 canales de
# color)
x_train = np.stack([np.stack([x]*3, axis=-1) for x in x_train])
x_test = np.stack([np.stack([x]*3, axis=-1) for x in x_test])

# Redimensionar las imágenes a 32x32 (MobileNetV2
# espera imágenes de tamaño 224x224, pero usaremos
# 32x32 para simplificar)
x_train = tf.image.resize(x_train, (32, 32)).numpy()
x_test = tf.image.resize(x_test, (32, 32)).numpy()

# Normalizar las imágenes de 0-255 a 0-1
x_train = x_train.astype('float32') / 255
x_test = x_test.astype('float32') / 255

# Convertir las etiquetas a one-hot encoding
y_train = to_categorical(y_train, 10)
y_test = to_categorical(y_test, 10)

datagen = ImageDataGenerator(
    rotation_range=10,     # Rotar imágenes aleatoriamente hasta 10 grados
    zoom_range=0.1,        # Aplicar zoom aleatorio
    width_shift_range=0.1,# Desplazar imágenes horizontalmente
```

```python
        height_shift_range=0.1# Desplazar imágenes verticalmente
)

# Ajustar el generador al conjunto de datos de entrenamiento
datagen.fit(x_train)

# Cargar el modelo MobileNetV2 preentrenado, excluyendo las capas superiores
base_model = MobileNetV2(input_shape=(32, 32, 3), include_top=False, weights='imagenet')

# Congelar las capas del modelo base
base_model.trainable = False

# Construir el modelo
model = Sequential([
    base_model,  # Modelo base como extractor de características
    GlobalAveragePooling2D(),  # Pooling global para reducir la dimensionalidad
    Dense(128, activation='relu'),  # Capa densa con 128 neuronas
    Dropout(0.5),  # Dropout para regularización
    Dense(10, activation='softmax')  # Capa de salida con 10 neuronas y activación softmax
])

# Compilar el modelo
model.compile(optimizer='adam',
              loss='categorical_crossentropy',
              metrics=['accuracy'])
```

```python
# Entrenar el modelo utilizando el generador de data augmentation
history = model.fit(datagen.flow(x_train, y_train, batch_size=32),
                    epochs=10,
                    validation_data=(x_test, y_test))

test_loss, test_acc = model.evaluate(x_test, y_test)
print(f'Test accuracy: {test_acc:.4f}')

# Graficar precisión de entrenamiento y validación
plt.plot(history.history['accuracy'], label='Train Accuracy')
plt.plot(history.history['val_accuracy'], label='Validation Accuracy')
plt.xlabel('Epoch')
plt.ylabel('Accuracy')
plt.legend()
plt.show()

# Graficar pérdida de entrenamiento y validación
plt.plot(history.history['loss'], label='Train Loss')
plt.plot(history.history['val_loss'], label='Validation Loss')
plt.xlabel('Epoch')
plt.ylabel('Loss')
plt.legend()
plt.show()
```

Resultado:

```
1875/1875 ──────────────── 28s 14ms/step - accuracy: 0.4565 - loss: 1.5731 - val_accuracy: 0.6400 - val_loss: 1.0672
Epoch 2/10
1875/1875 ──────────────── 26s 14ms/step - accuracy: 0.5667 - loss: 1.2328 - val_accuracy: 0.6587 - val_loss: 1.0091
Epoch 3/10
1875/1875 ──────────────── 26s 14ms/step - accuracy: 0.5813 - loss: 1.2011 - val_accuracy: 0.6639 - val_loss: 0.9893
Epoch 4/10
1875/1875 ──────────────── 28s 15ms/step - accuracy: 0.5891 - loss: 1.1783 - val_accuracy: 0.6643 - val_loss: 0.9775
Epoch 5/10
1875/1875 ──────────────── 28s 15ms/step - accuracy: 0.6000 - loss: 1.1531 - val_accuracy: 0.6763 - val_loss: 0.9507
Epoch 6/10
1875/1875 ──────────────── 28s 15ms/step - accuracy: 0.5976 - loss: 1.1544 - val_accuracy: 0.6774 - val_loss: 0.9550
Epoch 7/10
1875/1875 ──────────────── 28s 15ms/step - accuracy: 0.6048 - loss: 1.1495 - val_accuracy: 0.6739 - val_loss: 0.9418
Epoch 8/10
1875/1875 ──────────────── 28s 15ms/step - accuracy: 0.6024 - loss: 1.1428 - val_accuracy: 0.6763 - val_loss: 0.9387
Epoch 9/10
1875/1875 ──────────────── 28s 15ms/step - accuracy: 0.6040 - loss: 1.1368 - val_accuracy: 0.6903 - val_loss: 0.9258
Epoch 10/10
1875/1875 ──────────────── 28s 15ms/step - accuracy: 0.6016 - loss: 1.1365 - val_accuracy: 0.6848 - val_loss: 0.9287
313/313 ──────────────── 4s 12ms/step - accuracy: 0.6656 - loss: 0.9604

Test accuracy: 0.6848
```

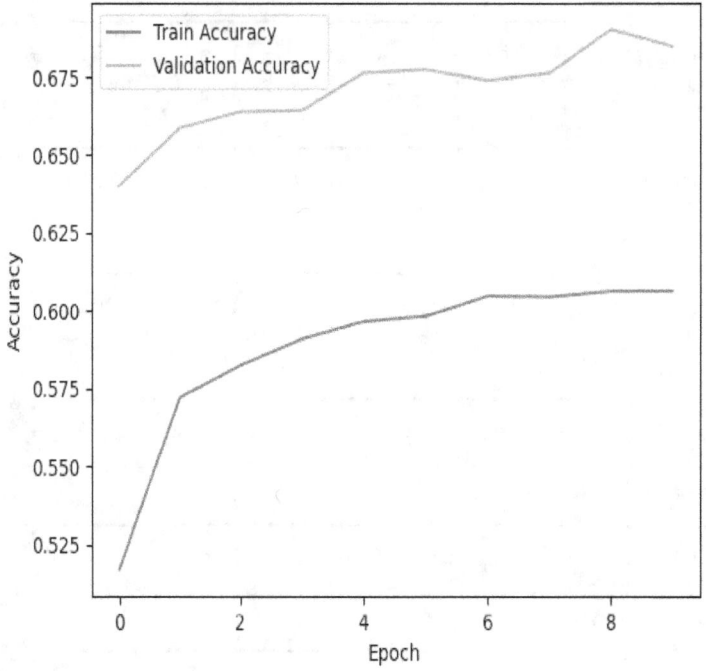

Explicación del Ejercicio

1. **Carga y Preprocesamiento de Datos:**

   o Se cargan los datos de MNIST y se redimensionan las imágenes a 32x32x3, agregando tres canales de color (necesario para MobileNetV2).

   o Las imágenes se redimensionan a 32x32 y se normalizan para que los valores de los píxeles estén entre 0 y 1.

   o Las etiquetas se convierten a formato one-hot encoding.

2. **Configuración de Data Augmentation:**

   o Se configura el ImageDataGenerator para aplicar rotación, zoom y desplazamiento aleatorios a las imágenes.

- o El generador se ajusta al conjunto de datos de entrenamiento.

3. **Construcción del Modelo CNN con MobileNetV2:**

    - o Se carga el modelo MobileNetV2 preentrenado con pesos de ImageNet, excluyendo las capas superiores.
    - o Se congela el modelo base para evitar que sus pesos se actualicen durante el entrenamiento.
    - o Se construye un nuevo modelo agregando capas adicionales sobre el modelo base, incluyendo GlobalAveragePooling2D, una capa densa con activación ReLU y Dropout, y una capa de salida con activación softmax.

4. **Entrenamiento del Modelo con Data Augmentation:**

    - o El modelo se entrena utilizando el generador de data augmentation, que genera nuevas imágenes en cada época aplicando transformaciones aleatorias a las imágenes de entrenamiento.

5. **Evaluación del Modelo:**

    - o Se evalúa el modelo con los datos de prueba y se imprime la precisión del modelo en el conjunto de prueba.

6. **Visualización de Resultados:**

    - o Se grafican la precisión y la pérdida de entrenamiento y validación a lo largo de las épocas para visualizar el rendimiento del modelo.

Este ejercicio demuestra cómo utilizar transfer learning con un modelo preentrenado como MobileNetV2 para mejorar la capacidad de un modelo de reconocer dígitos manuscritos, aprovechando características aprendidas previamente en un conjunto de datos más grande y diverso.

Ejercicio 40. Dígitos manuscritos con early stopping.

Aquí tienes otro ejercicio de reconocimiento de dígitos manuscritos utilizando una red neuronal convolucional (CNN). Esta vez, vamos a agregar la técnica de early stopping (detención temprana) para evitar el sobreentrenamiento y guardar el mejor modelo durante el entrenamiento.

Reconocimiento de Dígitos Manuscritos con CNN y Early Stopping

Objetivo

Entrenar una red neuronal convolucional utilizando early stopping para clasificar imágenes de dígitos manuscritos del conjunto de datos MNIST.

Solución:

```
import tensorflow as tf
from tensorflow.keras.datasets import mnist
from tensorflow.keras.models import Sequential
from tensorflow.keras.layers import Conv2D, MaxPooling2D, Flatten, Dense, Dropout, BatchNormalization
from tensorflow.keras.preprocessing.image import ImageDataGenerator
from tensorflow.keras.utils import to_categorical
from tensorflow.keras.callbacks import EarlyStopping, ModelCheckpoint
import matplotlib.pyplot as plt
import os
```

```python
# Cargar el conjunto de datos MNIST
(x_train, y_train), (x_test, y_test) = mnist.load_data()

# Redimensionar las imágenes a 28x28x1 (agregar una
dimensión para el canal de color)
x_train = x_train.reshape((x_train.shape[0], 28, 28,
1)).astype('float32') / 255
x_test = x_test.reshape((x_test.shape[0], 28, 28,
1)).astype('float32') / 255

# Convertir las etiquetas a one-hot encoding
y_train = to_categorical(y_train, 10)
y_test = to_categorical(y_test, 10)

datagen = ImageDataGenerator(
    rotation_range=10,    # Rotar imágenes aleatoriamente
hasta 10 grados
    zoom_range=0.1,       # Aplicar zoom aleatorio
    width_shift_range=0.1,# Desplazar imágenes
horizontalmente
    height_shift_range=0.1# Desplazar imágenes
verticalmente
)

# Ajustar el generador al conjunto de datos de
entrenamiento
datagen.fit(x_train)

model = Sequential([
    Conv2D(32, (3, 3), input_shape=(28, 28, 1)),  # Capa
convolucional con 32 filtros 3x3
    BatchNormalization(),  # Normalización de lotes
```

```python
    tf.keras.layers.ReLU(),  # Función de activación ReLU
    MaxPooling2D((2, 2)),  # Capa de pooling
    Dropout(0.25),  # Dropout para regularización

    Conv2D(64, (3, 3)),  # Segunda capa convolucional con 64 filtros 3x3
    BatchNormalization(),  # Normalización de lotes
    tf.keras.layers.ReLU(),  # Función de activación ReLU
    MaxPooling2D((2, 2)),  # Segunda capa de pooling
    Dropout(0.25),  # Dropout para regularización

    Flatten(),  # Aplanar la salida
    Dense(128),  # Capa densa con 128 neuronas
    BatchNormalization(),  # Normalización de lotes
    tf.keras.layers.ReLU(),  # Función de activación ReLU
    Dropout(0.5),  # Dropout para regularización

    Dense(10, activation='softmax')  # Capa de salida con 10 neuronas y activación softmax
])

# Compilar el modelo
model.compile(optimizer='adam',
              loss='categorical_crossentropy',
              metrics=['accuracy'])

# Crear un directorio para guardar el mejor modelo
checkpoint_dir = './checkpoints'
if not os.path.exists(checkpoint_dir):
    os.makedirs(checkpoint_dir)

# Callback para detener el entrenamiento temprano si no hay mejora en el rendimiento
```

```python
early_stopping = EarlyStopping(monitor='val_loss', patience=3, restore_best_weights=True)

# Callback para guardar el mejor modelo basado en la precisión de validación
checkpoint = ModelCheckpoint(filepath=os.path.join(checkpoint_dir, 'best_model.keras'),
                             monitor='val_accuracy',
                             save_best_only=True,
                             save_weights_only=False)

# Entrenar el modelo utilizando el generador de data augmentation
history = model.fit(datagen.flow(x_train, y_train, batch_size=32),
                    epochs=20,
                    validation_data=(x_test, y_test),
                    callbacks=[early_stopping, checkpoint])


# Cargar el mejor modelo guardado
best_model = tf.keras.models.load_model(os.path.join(checkpoint_dir, 'best_model.keras'))

# Evaluar el mejor modelo con los datos de prueba
test_loss, test_acc = best_model.evaluate(x_test, y_test)
print(f'Test accuracy: {test_acc:.4f}')

# Graficar precisión de entrenamiento y validación
plt.plot(history.history['accuracy'], label='Train
```

```
Accuracy')
plt.plot(history.history['val_accuracy'],
label='Validation Accuracy')
plt.xlabel('Epoch')
plt.ylabel('Accuracy')
plt.legend()
plt.show()

# Graficar pérdida de entrenamiento y validación
plt.plot(history.history['loss'], label='Train Loss')
plt.plot(history.history['val_loss'], label='Validation
Loss')
plt.xlabel('Epoch')
plt.ylabel('Loss')
plt.legend()
plt.show()
```

Resultado:

```
Epoch 3/20
1875/1875 ──────────────── 12s
6ms/step - accuracy: 0.9473 - loss: 0.1744 -
val_accuracy: 0.9909 - val_loss: 0.0296
Epoch 4/20
1875/1875 ──────────────── 12s
6ms/step - accuracy: 0.9541 - loss: 0.1566 -
val_accuracy: 0.9920 - val_loss: 0.0258
Epoch 5/20
1875/1875 ──────────────── 12s
7ms/step - accuracy: 0.9613 - loss: 0.1303 -
val_accuracy: 0.9919 - val_loss: 0.0267
```

```
Epoch 6/20
1875/1875 ───────────────── 13s
7ms/step - accuracy: 0.9642 - loss: 0.1210 -
val_accuracy: 0.9929 - val_loss: 0.0233
Epoch 7/20
1875/1875 ───────────────── 13s
7ms/step - accuracy: 0.9629 - loss: 0.1223 -
val_accuracy: 0.9923 - val_loss: 0.0218
Epoch 8/20
1875/1875 ───────────────── 13s
7ms/step - accuracy: 0.9679 - loss: 0.1112 -
val_accuracy: 0.9937 - val_loss: 0.0215
Epoch 9/20
1875/1875 ───────────────── 13s
7ms/step - accuracy: 0.9685 - loss: 0.1005 -
val_accuracy: 0.9945 - val_loss: 0.0194
Epoch 10/20
1875/1875 ───────────────── 13s
7ms/step - accuracy: 0.9705 - loss: 0.0985 -
val_accuracy: 0.9939 - val_loss: 0.0196
Epoch 11/20
1875/1875 ───────────────── 13s
7ms/step - accuracy: 0.9699 - loss: 0.0980 -
val_accuracy: 0.9934 - val_loss: 0.0203
Epoch 12/20
1875/1875 ───────────────── 13s
7ms/step - accuracy: 0.9719 - loss: 0.0937 -
val_accuracy: 0.9946 - val_loss: 0.0164
Epoch 13/20
1875/1875 ───────────────── 13s
7ms/step - accuracy: 0.9731 - loss: 0.0882 -
val_accuracy: 0.9950 - val_loss: 0.0179
```

```
Epoch 14/20
1875/1875 ─────────────── 13s
7ms/step - accuracy: 0.9727 - loss: 0.0913 -
val_accuracy: 0.9931 - val_loss: 0.0181
Epoch 15/20
1875/1875 ─────────────── 13s
7ms/step - accuracy: 0.9747 - loss: 0.0820 -
val_accuracy: 0.9940 - val_loss: 0.0177
313/313 ─────────────── 1s
2ms/step - accuracy: 0.9943 - loss: 0.0201

Test accuracy: 0.9950
```

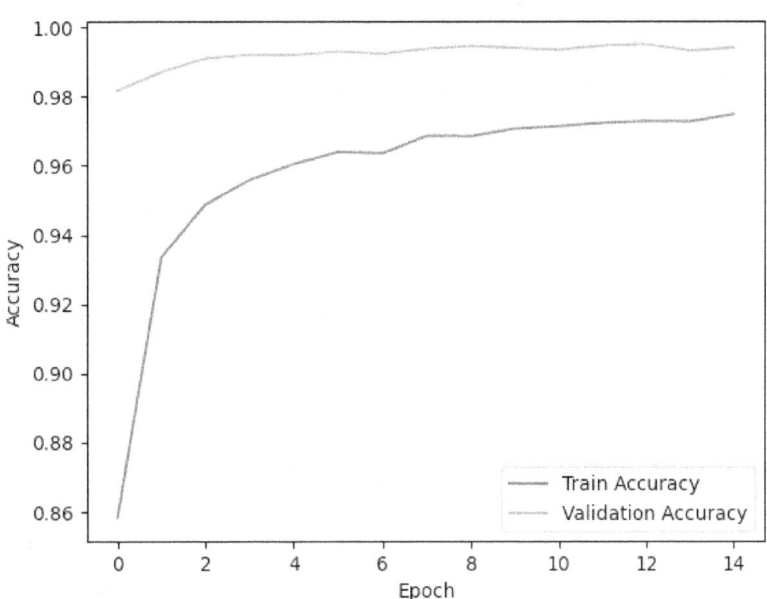

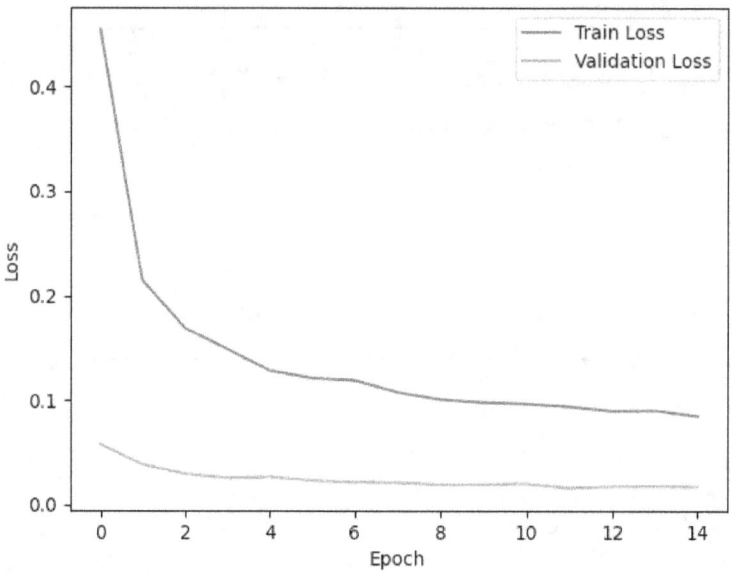

Explicación del Ejercicio

1. **Carga y Preprocesamiento de Datos**:

   - Se cargan los datos de MNIST y se redimensionan las imágenes a 28x28x1, agregando una dimensión adicional para el canal de color.
   - Las imágenes se normalizan para que los valores de los píxeles estén entre 0 y 1.
   - Las etiquetas se convierten a formato one-hot encoding.

2. **Configuración de Data Augmentation:**

   - Se configura el ImageDataGenerator para aplicar rotación, zoom y desplazamiento aleatorios a las imágenes.
   - El generador se ajusta al conjunto de datos de entrenamiento.

3. **Construcción del Modelo CNN con Batch Normalization:**

- Se utiliza un modelo secuencial con capas convolucionales y de pooling.
- Las capas convolucionales y densas están seguidas de Batch Normalization y ReLU para estabilizar y acelerar el entrenamiento.
- Se aplican capas Dropout para regularización y reducir el sobreajuste.

4. **Configuración de Callbacks para Early Stopping y Checkpoint:**
   - Se configura EarlyStopping para detener el entrenamiento si la pérdida de validación no mejora durante 3 épocas consecutivas.
   - Se configura ModelCheckpoint para guardar el mejor modelo basado en la precisión de validación.

5. **Entrenamiento del Modelo con Data Augmentation y Callbacks:**
   - El modelo se entrena utilizando el generador de data augmentation y los callbacks configurados para early stopping y checkpoint.

6. **Evaluación del Modelo:**
   - Se carga el mejor modelo guardado y se evalúa con los datos de prueba para obtener la precisión final.

7. **Visualización de Resultados:**
   - Se grafican la precisión y la pérdida de entrenamiento y validación a lo largo de las épocas para visualizar el rendimiento del modelo.

Este ejercicio muestra cómo utilizar early stopping y guardar el mejor modelo durante el entrenamiento para mejorar la capacidad de generalización del modelo y evitar el sobreentrenamiento.

Ejercicio 41. Dígitos manuscritos con transfer learning.

Aquí tienes otro ejercicio de reconocimiento de dígitos manuscritos utilizando una red neuronal convolucional (CNN). En esta ocasión, vamos a incluir la técnica de aprendizaje por transferencia (transfer learning) con el modelo VGG16 preentrenado, ajustando las últimas capas del modelo para adaptarlo a la clasificación de los dígitos manuscritos.

Ejercicio: Reconocimiento de Dígitos Manuscritos con CNN y Transfer Learning usando VGG16

Objetivo

Entrenar una red neuronal convolucional utilizando transfer learning con VGG16 para clasificar imágenes de dígitos manuscritos del conjunto de datos MNIST.

Solución:

```
import tensorflow as tf
from tensorflow.keras.datasets import mnist
from tensorflow.keras.models import Sequential
from tensorflow.keras.layers import Dense, Flatten, Dropout, GlobalAveragePooling2D
from tensorflow.keras.applications import VGG16
from tensorflow.keras.preprocessing.image import ImageDataGenerator
from tensorflow.keras.utils import to_categorical
```

```python
import numpy as np
import matplotlib.pyplot as plt

# Cargar el conjunto de datos MNIST
(x_train, y_train), (x_test, y_test) = mnist.load_data()

# Redimensionar las imágenes a 48x48x3 (necesario para VGG16 que espera imágenes de 3 canales de color)
x_train = np.stack([np.stack([x]*3, axis=-1) for x in x_train])
x_test = np.stack([np.stack([x]*3, axis=-1) for x in x_test])

# Redimensionar las imágenes a 48x48 (VGG16 espera imágenes de tamaño 224x224, pero usaremos 48x48 para simplificar)
x_train = tf.image.resize(x_train, (48, 48))
x_test = tf.image.resize(x_test, (48, 48))

# Normalizar las imágenes de 0-255 a 0-1
x_train = x_train.numpy().astype('float32') / 255
x_test = x_test.numpy().astype('float32') / 255

# Convertir las etiquetas a one-hot encoding
y_train = to_categorical(y_train, 10)
y_test = to_categorical(y_test, 10)

datagen = ImageDataGenerator(
    rotation_range=10,    # Rotar imágenes aleatoriamente hasta 10 grados
    zoom_range=0.1,       # Aplicar zoom aleatorio
```

```python
    width_shift_range=0.1,# Desplazar imágenes horizontalmente
    height_shift_range=0.1# Desplazar imágenes verticalmente
)

# Ajustar el generador al conjunto de datos de entrenamiento
datagen.fit(x_train)

# Cargar el modelo VGG16 preentrenado, excluyendo las capas superiores
base_model = VGG16(input_shape=(48, 48, 3), include_top=False, weights='imagenet')

# Congelar las capas del modelo base
base_model.trainable = False

# Construir el modelo
model = Sequential([
    base_model,  # Modelo base como extractor de características
    GlobalAveragePooling2D(),  # Pooling global para reducir la dimensionalidad
    Dense(128, activation='relu'),  # Capa densa con 128 neuronas
    Dropout(0.5),  # Dropout para regularización
    Dense(10, activation='softmax')  # Capa de salida con 10 neuronas y activación softmax
])

# Compilar el modelo
model.compile(optimizer='adam',
```

```python
              loss='categorical_crossentropy',
              metrics=['accuracy'])

# Entrenar el modelo utilizando el generador de data augmentation
history = model.fit(datagen.flow(x_train, y_train, batch_size=32),
                    epochs=10,
                    validation_data=(x_test, y_test))

test_loss, test_acc = model.evaluate(x_test, y_test)
print(f'Test accuracy: {test_acc:.4f}')

# Graficar precisión de entrenamiento y validación
plt.plot(history.history['accuracy'], label='Train Accuracy')
plt.plot(history.history['val_accuracy'], label='Validation Accuracy')
plt.xlabel('Epoch')
plt.ylabel('Accuracy')
plt.legend()
plt.show()

# Graficar pérdida de entrenamiento y validación
plt.plot(history.history['loss'], label='Train Loss')
plt.plot(history.history['val_loss'], label='Validation Loss')
plt.xlabel('Epoch')
plt.ylabel('Loss')
plt.legend()
```

```
plt.show()
```

Resultado:

```
1875/1875 ━━━━━━━━━━━━━━━━━━━━ 195s
104ms/step - accuracy: 0.7252 - loss: 0.8612 -
val_accuracy: 0.9466 - val_loss: 0.1796
Epoch 2/10
1875/1875 ━━━━━━━━━━━━━━━━━━━━ 203s
108ms/step - accuracy: 0.9098 - loss: 0.2889 -
val_accuracy: 0.9593 - val_loss: 0.1317
Epoch 3/10
1875/1875 ━━━━━━━━━━━━━━━━━━━━ 196s
105ms/step - accuracy: 0.9275 - loss: 0.2308 -
val_accuracy: 0.9594 - val_loss: 0.1250
Epoch 4/10
1875/1875 ━━━━━━━━━━━━━━━━━━━━ 195s
104ms/step - accuracy: 0.9364 - loss: 0.2067 -
val_accuracy: 0.9629 - val_loss: 0.1118
Epoch 5/10
1875/1875 ━━━━━━━━━━━━━━━━━━━━ 208s
111ms/step - accuracy: 0.9381 - loss: 0.1963 -
val_accuracy: 0.9692 - val_loss: 0.0996
Epoch 6/10
1875/1875 ━━━━━━━━━━━━━━━━━━━━ 201s
107ms/step - accuracy: 0.9410 - loss: 0.1865 -
val_accuracy: 0.9677 - val_loss: 0.0992
Epoch 7/10
1875/1875 ━━━━━━━━━━━━━━━━━━━━ 197s
105ms/step - accuracy: 0.9443 - loss: 0.1771 -
val_accuracy: 0.9684 - val_loss: 0.0944
Epoch 8/10
```

```
1875/1875 ─────────────────────── 197s
105ms/step - accuracy: 0.9488 - loss: 0.1687 -
val_accuracy: 0.9702 - val_loss: 0.0904
Epoch 9/10
1875/1875 ─────────────────────── 193s
103ms/step - accuracy: 0.9484 - loss: 0.1635 -
val_accuracy: 0.9651 - val_loss: 0.1070
Epoch 10/10
1875/1875 ─────────────────────── 194s
103ms/step - accuracy: 0.9476 - loss: 0.1637 -
val_accuracy: 0.9691 - val_loss: 0.0951
313/313 ─────────────────────── 27s
87ms/step - accuracy: 0.9660 - loss: 0.1030
```

Test accuracy: 0.9691

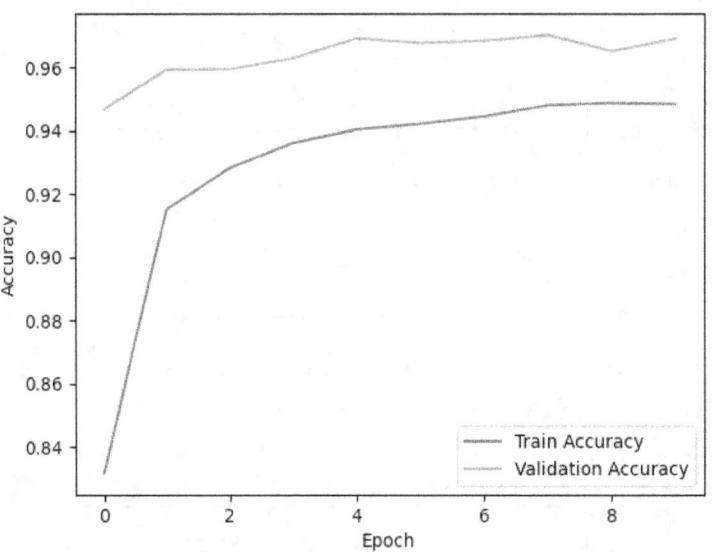

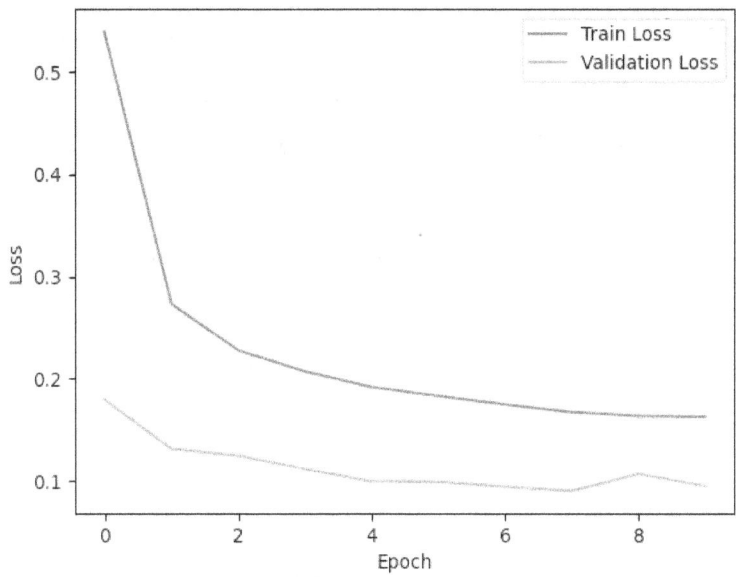

Explicación del Ejercicio

1. **Carga y Preprocesamiento de Datos:**
   - Se cargan los datos de MNIST y se redimensionan las imágenes a 48x48x3, agregando tres canales de color (necesario para VGG16).
   - Las imágenes se redimensionan a 48x48 y se normalizan para que los valores de los píxeles estén entre 0 y 1.
   - Las etiquetas se convierten a formato one-hot encoding.
2. **Configuración de Data Augmentation:**
   - Se configura el ImageDataGenerator para aplicar rotación, zoom y desplazamiento aleatorios a las imágenes.
   - El generador se ajusta al conjunto de datos de entrenamiento.

3. **Construcción del Modelo CNN con VGG16:**
    - Se carga el modelo VGG16 preentrenado con pesos de ImageNet, excluyendo las capas superiores.
    - Se congela el modelo base para evitar que sus pesos se actualicen durante el entrenamiento.
    - Se construye un nuevo modelo agregando capas adicionales sobre el modelo base, incluyendo GlobalAveragePooling2D, una capa densa con activación ReLU y Dropout, y una capa de salida con activación softmax.
4. **Entrenamiento del Modelo con Data Augmentation:**
    - El modelo se entrena utilizando el generador de data augmentation, que genera nuevas imágenes en cada época aplicando transformaciones aleatorias a las imágenes de entrenamiento.
5. **Evaluación del Modelo:**
    - Se evalúa el modelo con los datos de prueba y se imprime la precisión del modelo en el conjunto de prueba.
6. **Visualización de Resultados:**
    - Se grafican la precisión y la pérdida de entrenamiento y validación a lo largo de las épocas para visualizar el rendimiento del modelo.

Este ejercicio muestra cómo utilizar transfer learning con un modelo preentrenado como VGG16 para mejorar la capacidad de un modelo de reconocer dígitos manuscritos, aprovechando características aprendidas previamente en un conjunto de datos más grande y diverso.

Aquí tienes otro ejercicio de reconocimiento de dígitos manuscritos utilizando una red neuronal convolucional (CNN). En esta ocasión, vamos a combinar técnicas de data augmentation, Batch Normalization y optimización con el optimizador RMSprop.

Ejercicio 42: Reconocimiento de Dígitos Manuscritos con CNN, Data Augmentation, Batch Normalization y RMSprop

Objetivo

Entrenar una red neuronal convolucional utilizando data augmentation, Batch Normalization y el optimizador RMSprop para clasificar imágenes de dígitos manuscritos del conjunto de datos MNIST.

Instrucciones

1. **Instalación de Dependencias**

    Asegúrate de tener instaladas las bibliotecas necesarias:

    ```
    pip install tensorflow numpy matplotlib
    ```

2. **Importación de Bibliotecas**

    ```
    import tensorflow as tf
    from tensorflow.keras.datasets import mnist
    from tensorflow.keras.models import Sequential
    from tensorflow.keras.layers import Conv2D, MaxPooling2D, Flatten, Dense, Dropout, BatchNormalization
    ```

```python
from tensorflow.keras.preprocessing.image import ImageDataGenerator
from tensorflow.keras.utils import to_categorical
import matplotlib.pyplot as plt
```

3. Cargar y Preprocesar el Conjunto de Datos MNIST

```python
# Cargar el conjunto de datos MNIST
(x_train, y_train), (x_test, y_test) = mnist.load_data()

# Redimensionar las imágenes a 28x28x1 (agregar una dimensión para el canal de color)
x_train = x_train.reshape((x_train.shape[0], 28, 28, 1)).astype('float32') / 255
x_test = x_test.reshape((x_test.shape[0], 28, 28, 1)).astype('float32') / 255

# Convertir las etiquetas a one-hot encoding
y_train = to_categorical(y_train, 10)
y_test = to_categorical(y_test, 10)
```

4. Configuración de Data Augmentation

```python
datagen = ImageDataGenerator(
    rotation_range=10,      # Rotar imágenes aleatoriamente hasta 10 grados
    zoom_range=0.1,         # Aplicar zoom aleatorio
    width_shift_range=0.1,  # Desplazar imágenes horizontalmente
    height_shift_range=0.1  # Desplazar imágenes verticalmente
)
```

```
# Ajustar el generador al conjunto de datos de entrenamiento
datagen.fit(x_train)
```

5. Construcción del Modelo CNN con Batch Normalization

```
model = Sequential([
    Conv2D(32, (3, 3), input_shape=(28, 28, 1)),  # Capa convolucional con 32 filtros 3x3
    BatchNormalization(),  # Normalización de lotes
    tf.keras.layers.ReLU(),  # Función de activación ReLU
    MaxPooling2D((2, 2)),  # Capa de pooling
    Dropout(0.25),  # Dropout para regularización

    Conv2D(64, (3, 3)),  # Segunda capa convolucional con 64 filtros 3x3
    BatchNormalization(),  # Normalización de lotes
    tf.keras.layers.ReLU(),  # Función de activación ReLU
    MaxPooling2D((2, 2)),  # Segunda capa de pooling
    Dropout(0.25),  # Dropout para regularización

    Flatten(),  # Aplanar la salida
    Dense(128),  # Capa densa con 128 neuronas
    BatchNormalization(),  # Normalización de lotes
    tf.keras.layers.ReLU(),  # Función de activación ReLU
    Dropout(0.5),  # Dropout para regularización

    Dense(10, activation='softmax')  # Capa de salida con 10 neuronas y activación softmax
```

```
])
```

```
# Compilar el modelo con el optimizador RMSprop
model.compile(optimizer='rmsprop',
              loss='categorical_crossentropy',
              metrics=['accuracy'])
```

6. **Entrenamiento del Modelo con Data Augmentation**

```
# Entrenar el modelo utilizando el generador de data augmentation
history = model.fit(datagen.flow(x_train, y_train, batch_size=32),
                    epochs=10,
                    validation_data=(x_test, y_test))
```

7. **Evaluación del Modelo**

```
test_loss, test_acc = model.evaluate(x_test, y_test)
print(f'Test accuracy: {test_acc:.4f}')
```

8. **Visualización de Resultados**

```
# Graficar precisión de entrenamiento y validación
plt.plot(history.history['accuracy'], label='Train Accuracy')
plt.plot(history.history['val_accuracy'], label='Validation Accuracy')
plt.xlabel('Epoch')
plt.ylabel('Accuracy')
plt.legend()
plt.show()
```

```
# Graficar pérdida de entrenamiento y validación
plt.plot(history.history['loss'], label='Train
Loss')
plt.plot(history.history['val_loss'],
label='Validation Loss')
plt.xlabel('Epoch')
plt.ylabel('Loss')
plt.legend()
plt.show()
```

Resultado:

```
1875/1875 ———————————————————— 12s
6ms/step - accuracy: 0.7725 - loss: 0.7088 -
val_accuracy: 0.9866 - val_loss: 0.0451
Epoch 2/10
1875/1875 ———————————————————— 11s
6ms/step - accuracy: 0.9276 - loss: 0.2459 -
val_accuracy: 0.9877 - val_loss: 0.0432
Epoch 3/10
1875/1875 ———————————————————— 11s
6ms/step - accuracy: 0.9412 - loss: 0.2052 -
val_accuracy: 0.9869 - val_loss: 0.0434
Epoch 4/10
1875/1875 ———————————————————— 11s
6ms/step - accuracy: 0.9471 - loss: 0.1965 -
val_accuracy: 0.9901 - val_loss: 0.0418
Epoch 5/10
1875/1875 ———————————————————— 12s
6ms/step - accuracy: 0.9518 - loss: 0.1845 -
val_accuracy: 0.9837 - val_loss: 0.0593
Epoch 6/10
1875/1875 ———————————————————— 13s
7ms/step - accuracy: 0.9551 - loss: 0.1780 -
val_accuracy: 0.9916 - val_loss: 0.0281
Epoch 7/10
1875/1875 ———————————————————— 13s
7ms/step - accuracy: 0.9531 - loss: 0.1819 -
val_accuracy: 0.9887 - val_loss: 0.0447
Epoch 8/10
```

```
1875/1875 ━━━━━━━━━━━━━━━━━━━━ 13s
7ms/step - accuracy: 0.9546 - loss: 0.1771 -
val_accuracy: 0.9904 - val_loss: 0.0355
Epoch 9/10
1875/1875 ━━━━━━━━━━━━━━━━━━━━ 13s
7ms/step - accuracy: 0.9549 - loss: 0.1843 -
val_accuracy: 0.9920 - val_loss: 0.0269
Epoch 10/10
1875/1875 ━━━━━━━━━━━━━━━━━━━━ 13s
7ms/step - accuracy: 0.9569 - loss: 0.1733 -
val_accuracy: 0.9888 - val_loss: 0.0486
313/313 ━━━━━━━━━━━━━━━━━━━━ 1s
2ms/step - accuracy: 0.9863 - loss: 0.0561
Test accuracy: 0.9888
```

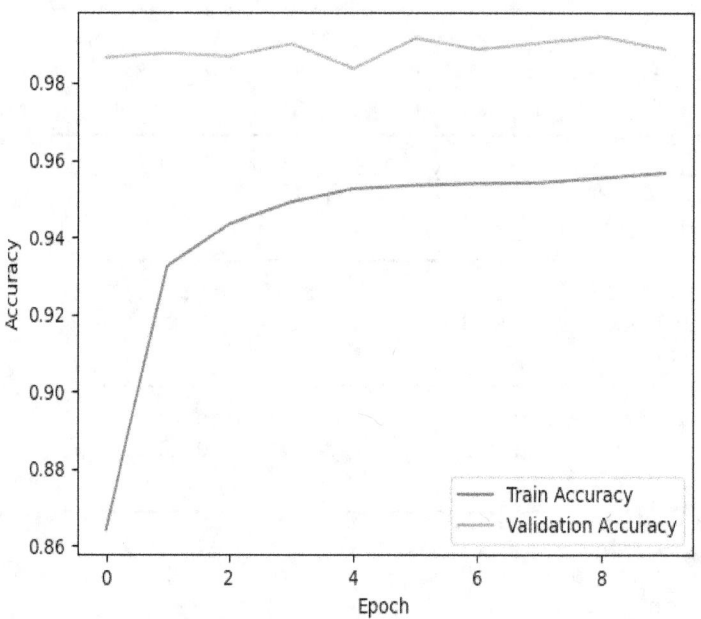

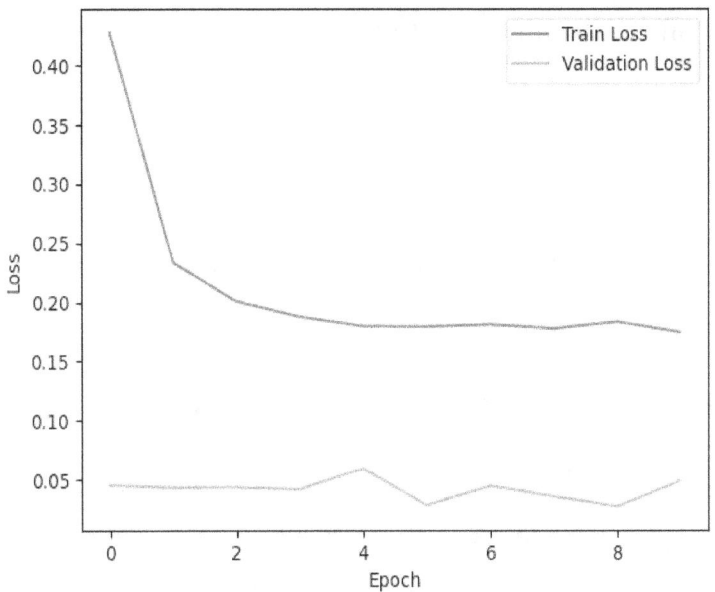

Explicación del Ejercicio

9. **Carga y Preprocesamiento de Datos:**

    o Se cargan los datos de MNIST y se redimensionan las imágenes a 28x28x1, agregando una dimensión adicional para el canal de color.

    o Las imágenes se normalizan para que los valores de los píxeles estén entre 0 y 1.

    o Las etiquetas se convierten a formato one-hot encoding.

10. **Configuración de Data Augmentation:**

    o   Se configura el ImageDataGenerator para aplicar rotación, zoom y desplazamiento aleatorios a las imágenes.

    o   El generador se ajusta al conjunto de datos de entrenamiento.

11. **Construcción del Modelo CNN con Batch Normalization:**

    o   Se utiliza un modelo secuencial con capas convolucionales y de pooling.

    o   Las capas convolucionales y densas están seguidas de Batch Normalization y ReLU para estabilizar y acelerar el entrenamiento.

    o   Se aplican capas Dropout para regularización y reducir el sobreajuste.

12. **Compilación del Modelo con RMSprop:**

    o   Se compila el modelo utilizando el optimizador RMSprop, que es adecuado para problemas de clasificación y generalmente proporciona una buena convergencia.

13. **Entrenamiento del Modelo con Data Augmentation:**

    o   El modelo se entrena utilizando el generador de data augmentation, que genera nuevas imágenes en cada época aplicando transformaciones aleatorias a las imágenes de entrenamiento.

14. Evaluación del Modelo:

- Se evalúa el modelo con los datos de prueba y se imprime la precisión del modelo en el conjunto de prueba.

15. Visualización de Resultados:

- Se grafican la precisión y la pérdida de entrenamiento y validación a lo largo de las épocas para visualizar el rendimiento del modelo.

Este ejercicio muestra cómo combinar varias técnicas avanzadas, como data augmentation, Batch Normalization y el optimizador RMSprop, para mejorar la capacidad de un modelo de reconocer dígitos manuscritos y evitar el sobreentrenamiento.

Aquí tienes otro ejercicio de reconocimiento de dígitos manuscritos utilizando una red neuronal convolucional (CNN). En esta ocasión, vamos a incluir la técnica de hiperparámetros con la búsqueda de una mejor arquitectura utilizando Keras Tuner.

Ejercicio 43: Reconocimiento de Dígitos Manuscritos con CNN y Optimización de Hiperparámetros usando Keras Tuner

Objetivo

Entrenar una red neuronal convolucional utilizando Keras Tuner para optimizar la arquitectura y los hiperparámetros del modelo para clasificar imágenes de dígitos manuscritos del conjunto de datos MNIST.

Instrucciones

1. **Instalación de Dependencias**

   Asegúrate de tener instaladas las bibliotecas necesarias:

   ```
   pip install tensorflow numpy matplotlib keras-tuner
   ```

2. **Importación de Bibliotecas**

   ```
   import tensorflow as tf
   from tensorflow.keras.datasets import mnist
   from tensorflow.keras.models import Sequential
   ```

```
from tensorflow.keras.layers import Conv2D,
MaxPooling2D, Flatten, Dense, Dropout,
BatchNormalization
from tensorflow.keras.preprocessing.image import
ImageDataGenerator
from tensorflow.keras.utils import to_categorical
import matplotlib.pyplot as plt
import keras_tuner as kt
```

3. **Cargar y Preprocesar el Conjunto de Datos MNIST**

```
# Cargar el conjunto de datos MNIST
(x_train, y_train), (x_test, y_test) =
mnist.load_data()

# Redimensionar las imágenes a 28x28x1 (agregar una
dimensión para el canal de color)
x_train = x_train.reshape((x_train.shape[0], 28, 28,
1)).astype('float32') / 255
x_test = x_test.reshape((x_test.shape[0], 28, 28,
1)).astype('float32') / 255

# Convertir las etiquetas a one-hot encoding
y_train = to_categorical(y_train, 10)
y_test = to_categorical(y_test, 10)
```

4. **Configuración de Data Augmentation**

```
datagen = ImageDataGenerator(
    rotation_range=10,      # Rotar imágenes
aleatoriamente hasta 10 grados
    zoom_range=0.1,         # Aplicar zoom aleatorio
```

```
    width_shift_range=0.1,# Desplazar imágenes horizontalmente
    height_shift_range=0.1# Desplazar imágenes verticalmente
)

# Ajustar el generador al conjunto de datos de entrenamiento
datagen.fit(x_train)
```

5. Definir la Función del Modelo para Keras Tuner

```
def build_model(hp):
    model = Sequential()
    model.add(Conv2D(filters=hp.Int('conv_1_filter', min_value=32, max_value=128, step=16),

kernel_size=hp.Choice('conv_1_kernel', values=[3, 5]),
                     activation='relu',
                     input_shape=(28, 28, 1)))
    model.add(BatchNormalization())
    model.add(MaxPooling2D(pool_size=2))
    model.add(Dropout(0.25))

    model.add(Conv2D(filters=hp.Int('conv_2_filter', min_value=32, max_value=128, step=16),

kernel_size=hp.Choice('conv_2_kernel', values=[3, 5]),
                     activation='relu'))
    model.add(BatchNormalization())
    model.add(MaxPooling2D(pool_size=2))
```

```python
    model.add(Dropout(0.25))

    model.add(Flatten())
    model.add(Dense(units=hp.Int('dense_units',
min_value=64, max_value=256, step=32),
activation='relu'))
    model.add(BatchNormalization())
    model.add(Dropout(0.5))
    model.add(Dense(10, activation='softmax'))

    model.compile(optimizer='adam',
                  loss='categorical_crossentropy',
                  metrics=['accuracy'])
    return model
```

6. **Configuración del Búsqueda de Hiperparámetros con Keras Tuner**

```python
tuner = kt.Hyperband(build_model,
                     objective='val_accuracy',
                     max_epochs=10,
                     factor=3,
                     directory='my_dir',
                     project_name='mnist')
```

7. **Búsqueda de Hiperparámetros**

```python
tuner.search(datagen.flow(x_train, y_train,
batch_size=32),
             epochs=10,
             validation_data=(x_test, y_test))
```

8. Recuperar los Mejores Hiperparámetros y Construir el Modelo

```
best_hps = tuner.get_best_hyperparameters(num_trials=1)[0]
model = build_model(best_hps)
```

9. Entrenamiento del Modelo con los Mejores Hiperparámetros

```
history = model.fit(datagen.flow(x_train, y_train, batch_size=32),
                    epochs=10,
                    validation_data=(x_test, y_test))
```

10. Evaluación del Modelo

```
test_loss, test_acc = model.evaluate(x_test, y_test)
print(f'Test accuracy: {test_acc:.4f}')
```

11. Visualización de Resultados

```
# Graficar precisión de entrenamiento y validación
plt.plot(history.history['accuracy'], label='Train Accuracy')
plt.plot(history.history['val_accuracy'], label='Validation Accuracy')
plt.xlabel('Epoch')
plt.ylabel('Accuracy')
plt.legend()
plt.show()
```

```python
# Graficar pérdida de entrenamiento y validación
plt.plot(history.history['loss'], label='Train Loss')
plt.plot(history.history['val_loss'], label='Validation Loss')
plt.xlabel('Epoch')
plt.ylabel('Loss')
plt.legend()
plt.show()
```

Resultado:

Search: Running Trial #30

Value	Best Value So Far	Hyperparameter
64	64	conv_1_filter
5	5	conv_1_kernel
96	128	conv_2_filter
3	3	conv_2_kernel
256	128	dense_units
10	10	tuner/epochs
0	4	tuner/initial_epoch
0	1	tuner/bracket
0	1	tuner/round

Epoch 1/10
1875/1875 ━━━━━━━━━━━━━━━━━━━━ 22s 11ms/step - accuracy: 0.8328 - loss: 0.5409 - val_accuracy: 0.9831 - val_loss: 0.0514
Epoch 2/10

```
1875/1875 ──────────────── 21s
11ms/step - accuracy: 0.9591 - loss: 0.1334 -
val_accuracy: 0.9835 - val_loss: 0.0495
Epoch 3/10
1875/1875 ──────────────── 20s
11ms/step - accuracy: 0.9666 - loss: 0.1081 -
val_accuracy: 0.9902 - val_loss: 0.0320
Epoch 4/10
1875/1875 ──────────────── 20s
11ms/step - accuracy: 0.9727 - loss: 0.0912 -
val_accuracy: 0.9925 - val_loss: 0.0233
Epoch 5/10
1875/1875 ──────────────── 20s
11ms/step - accuracy: 0.9754 - loss: 0.0850 -
val_accuracy: 0.9913 - val_loss: 0.0236
Epoch 6/10
1875/1875 ──────────────── 20s
11ms/step - accuracy: 0.9774 - loss: 0.0736 -
val_accuracy: 0.9934 - val_loss: 0.0189
Epoch 7/10
1875/1875 ──────────────── 20s
11ms/step - accuracy: 0.9776 - loss: 0.0741 -
val_accuracy: 0.9931 - val_loss: 0.0194
Epoch 8/10
1875/1875 ──────────────── 20s
11ms/step - accuracy: 0.9806 - loss: 0.0635 -
val_accuracy: 0.9936 - val_loss: 0.0198
Epoch 9/10
1875/1875 ──────────────── 20s
11ms/step - accuracy: 0.9820 - loss: 0.0593 -
val_accuracy: 0.9940 - val_loss: 0.0191
Epoch 10/10
```

```
1875/1875 ———————————————— 20s
11ms/step - accuracy: 0.9815 - loss: 0.0602 -
val_accuracy: 0.9926 - val_loss: 0.0244


Trial 30 Complete [00h 03m 26s]
val_accuracy: 0.9940000176429749


Best val_accuracy So Far: 0.9959999918937683
Total elapsed time: 00h 48m 36s
Epoch 1/10
1875/1875 ———————————————— 22s
11ms/step - accuracy: 0.8186 - loss: 0.5887 -
val_accuracy: 0.9845 - val_loss: 0.0486
Epoch 2/10
1875/1875 ———————————————— 21s
11ms/step - accuracy: 0.9535 - loss: 0.1508 -
val_accuracy: 0.9890 - val_loss: 0.0317
Epoch 3/10
1875/1875 ———————————————— 21s
11ms/step - accuracy: 0.9641 - loss: 0.1181 -
val_accuracy: 0.9878 - val_loss: 0.0383
Epoch 4/10
1875/1875 ———————————————— 21s
11ms/step - accuracy: 0.9715 - loss: 0.0960 -
val_accuracy: 0.9930 - val_loss: 0.0224
Epoch 5/10
1875/1875 ———————————————— 21s
11ms/step - accuracy: 0.9738 - loss: 0.0909 -
val_accuracy: 0.9921 - val_loss: 0.0251
Epoch 6/10
```

1875/1875 ──────────────── 21s 11ms/step - accuracy: 0.9768 - loss: 0.0781 - val_accuracy: 0.9882 - val_loss: 0.0375
Epoch 7/10
1875/1875 ──────────────── 21s 11ms/step - accuracy: 0.9775 - loss: 0.0750 - val_accuracy: 0.9949 - val_loss: 0.0174
Epoch 8/10
1875/1875 ──────────────── 21s 11ms/step - accuracy: 0.9795 - loss: 0.0696 - val_accuracy: 0.9944 - val_loss: 0.0173
Epoch 9/10
1875/1875 ──────────────── 21s 11ms/step - accuracy: 0.9810 - loss: 0.0647 - val_accuracy: 0.9941 - val_loss: 0.0179
Epoch 10/10
1875/1875 ──────────────── 22s 12ms/step - accuracy: 0.9797 - loss: 0.0640 - val_accuracy: 0.9940 - val_loss: 0.0178
313/313 ──────────────── 1s 3ms/step - accuracy: 0.9936 - loss: 0.0177
Test accuracy: 0.9940

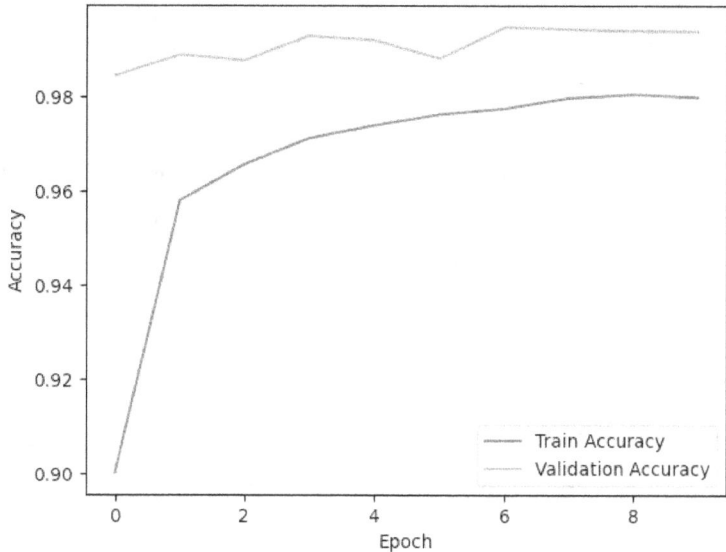

Explicación del Ejercicio

1. **Carga y Preprocesamiento de Datos**:
   - Se cargan los datos de MNIST y se redimensionan las imágenes a 28x28x1, agregando una dimensión adicional para el canal de color.
   - Las imágenes se normalizan para que los valores de los píxeles estén entre 0 y 1.
   - Las etiquetas se convierten a formato one-hot encoding.

2. **Configuración de Data Augmentation:**
   - Se configura el ImageDataGenerator para aplicar rotación, zoom y desplazamiento aleatorios a las imágenes.
   - El generador se ajusta al conjunto de datos de entrenamiento.

3. **Definir la Función del Modelo para Keras Tuner:**
   - Se define una función que construye el modelo con diferentes hiperparámetros.

- Los hiperparámetros a optimizar incluyen el número de filtros en las capas convolucionales, el tamaño del kernel, y el número de neuronas en la capa densa.

4. **Configuración del Búsqueda de Hiperparámetros con Keras Tuner:**
    - Se configura Keras Tuner para buscar los mejores hiperparámetros utilizando la estrategia Hyperband.

5. **Búsqueda de Hiperparámetros:**
    - Se realiza la búsqueda de hiperparámetros utilizando Keras Tuner con los datos de entrenamiento y validación.

6. **Recuperar los Mejores Hiperparámetros y Construir el Modelo:**
    - Se recuperan los mejores hiperparámetros encontrados durante la búsqueda y se construye el modelo final.

7. **Entrenamiento del Modelo con los Mejores Hiperparámetros:**
    - El modelo se entrena utilizando el generador de data augmentation y los mejores hiperparámetros encontrados.

8. **Evaluación del Modelo:**
    - Se evalúa el modelo con los datos de prueba y se imprime la precisión del modelo en el conjunto de prueba.

9. **Visualización de Resultados:**
    - Se grafican la precisión y la pérdida de entrenamiento y validación a lo largo de las épocas para visualizar el rendimiento del modelo.

Este ejercicio muestra cómo utilizar Keras Tuner para encontrar la mejor arquitectura y los mejores hiperparámetros para un modelo de CNN, mejorando así su rendimiento en la tarea de reconocimiento de dígitos manuscritos.

Ejercicio 44. Dígitos manuscritos con DNN.

Aquí tienes otro ejercicio de reconocimiento de dígitos manuscritos utilizando una red neuronal convolucional (CNN). En esta ocasión, vamos a utilizar la técnica de reducción de dimensionalidad con PCA (Análisis de Componentes Principales) antes de entrenar la CNN.

Ejercicio: Reconocimiento de Dígitos Manuscritos con DNN.

Dado que la salida de PCA no es adecuada para convoluciones espaciales, usamos una Red Neuronal Densa (DNN) en lugar de una Red Neuronal Convolucional (CNN).

Objetivo

Entrenar una red neuronal convolucional utilizando PCA para reducir la dimensionalidad de las imágenes antes de entrenar el modelo para clasificar imágenes de dígitos manuscritos del conjunto de datos MNIST.

```
import tensorflow as tf
from tensorflow.keras.datasets import mnist
from tensorflow.keras.models import Sequential
from tensorflow.keras.layers import Dense, Dropout, BatchNormalization
from tensorflow.keras.utils import to_categorical
from sklearn.decomposition import PCA
```

```python
import matplotlib.pyplot as plt

# Cargar el conjunto de datos MNIST
(x_train, y_train), (x_test, y_test) = mnist.load_data()

# Redimensionar las imágenes y normalizar
x_train = x_train.reshape((x_train.shape[0], 28, 28, 1)).astype('float32') / 255
x_test = x_test.reshape((x_test.shape[0], 28, 28, 1)).astype('float32') / 255

# Convertir las etiquetas a one-hot encoding
y_train = to_categorical(y_train, 10)
y_test = to_categorical(y_test, 10)

# Aplanar las imágenes para aplicar PCA
x_train_flat = x_train.reshape(x_train.shape[0], -1)
x_test_flat = x_test.reshape(x_test.shape[0], -1)

# Aplicar PCA para mantener el 95% de la varianza
pca = PCA(n_components=0.95)
x_train_pca = pca.fit_transform(x_train_flat)
x_test_pca = pca.transform(x_test_flat)

# Construir el modelo DNN ya que no podemos usar CNN con datos reducidos por PCA
model = Sequential([
    Dense(512, input_shape=(x_train_pca.shape[1],)),
    BatchNormalization(),
    tf.keras.layers.ReLU(),
    Dropout(0.5),
```

```python
    Dense(256),
    BatchNormalization(),
    tf.keras.layers.ReLU(),
    Dropout(0.5),

    Dense(128),
    BatchNormalization(),
    tf.keras.layers.ReLU(),
    Dropout(0.5),

    Dense(10, activation='softmax')
])

# Compilar el modelo
model.compile(optimizer='adam',
              loss='categorical_crossentropy',
              metrics=['accuracy'])

# Entrenar el modelo
history = model.fit(x_train_pca, y_train, epochs=10,
batch_size=32, validation_data=(x_test_pca, y_test))

# Evaluar el modelo con datos de prueba
test_loss, test_acc = model.evaluate(x_test_pca,
y_test)
print(f'Test accuracy: {test_acc:.4f}')

# Graficar precisión de entrenamiento y validación
plt.plot(history.history['accuracy'], label='Train
Accuracy')
plt.plot(history.history['val_accuracy'],
label='Validation Accuracy')
plt.xlabel('Epoch')
```

```
plt.ylabel('Accuracy')
plt.legend()
plt.show()

# Graficar pérdida de entrenamiento y validación
plt.plot(history.history['loss'], label='Train Loss')
plt.plot(history.history['val_loss'], label='Validation Loss')
plt.xlabel('Epoch')
plt.ylabel('Loss')
plt.legend()
plt.show()
```

Resultado:

```
Epoch 1/10
1875/1875 ──────────────── 4s 1ms/step - accuracy: 0.7113 - loss: 0.9158 - val_accuracy: 0.9545 - val_loss: 0.1467
Epoch 2/10
1875/1875 ──────────────── 3s 2ms/step - accuracy: 0.9090 - loss: 0.3117 - val_accuracy: 0.9674 - val_loss: 0.1063
Epoch 3/10
1875/1875 ──────────────── 3s 1ms/step - accuracy: 0.9278 - loss: 0.2450 - val_accuracy: 0.9730 - val_loss: 0.0892
Epoch 4/10
1875/1875 ──────────────── 3s 1ms/step - accuracy: 0.9400 - loss: 0.2047 - val_accuracy: 0.9780 - val_loss: 0.0734
Epoch 5/10
1875/1875 ──────────────── 3s 1ms/step - accuracy: 0.9458 - loss: 0.1856 - val_accuracy: 0.9786 - val_loss: 0.0683
Epoch 6/10
1875/1875 ──────────────── 3s 1ms/step - accuracy: 0.9514 - loss: 0.1612 - val_accuracy: 0.9792 - val_loss: 0.0666
Epoch 7/10
```

```
1875/1875 ──────────────────────── 3s
1ms/step - accuracy: 0.9555 - loss: 0.1514 -
val_accuracy: 0.9796 - val_loss: 0.0640
Epoch 8/10
1875/1875 ──────────────────────── 3s
2ms/step - accuracy: 0.9569 - loss: 0.1442 -
val_accuracy: 0.9817 - val_loss: 0.0581
Epoch 9/10
1875/1875 ──────────────────────── 3s
1ms/step - accuracy: 0.9603 - loss: 0.1375 -
val_accuracy: 0.9827 - val_loss: 0.0570
Epoch 10/10
1875/1875 ──────────────────────── 3s
1ms/step - accuracy: 0.9620 - loss: 0.1314 -
val_accuracy: 0.9821 - val_loss: 0.0582
313/313 ──────────────────────── 0s
623us/step - accuracy: 0.9779 - loss: 0.0710
Test accuracy: 0.9821
```

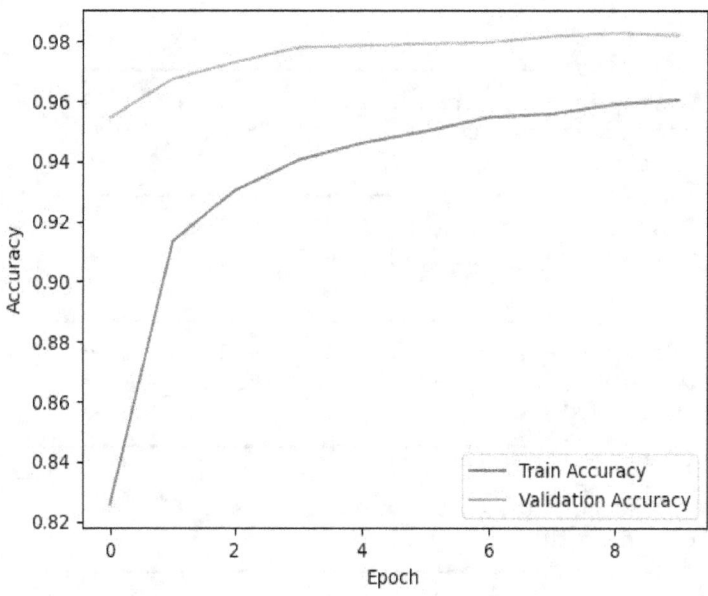

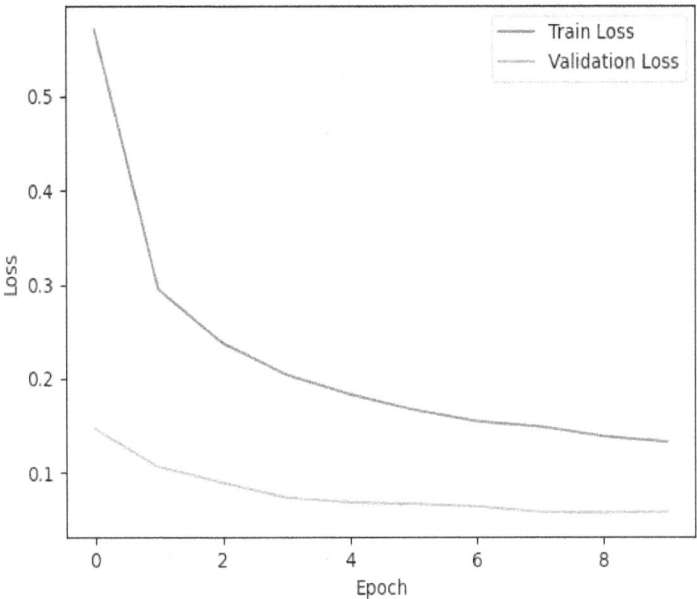

Explicación del Ejercicio

1. **Carga y Preprocesamiento de Datos**:
   - Se cargan los datos de MNIST y se redimensionan las imágenes a 28x28x1, agregando una dimensión adicional para el canal de color.
   - Las imágenes se normalizan para que los valores de los píxeles estén entre 0 y 1.
   - Las etiquetas se convierten a formato one-hot encoding.
2. **Aplicar PCA para Reducción de Dimensionalidad:**
   - Se aplanan las imágenes para aplicar PCA.
   - Se aplica PCA para reducir la dimensionalidad de las imágenes manteniendo el 95% de la varianza.
   - Se restauran las imágenes reducidas a la forma original (28x28x1).

3. **Configuración de Data Augmentation:**
   - Se configura el ImageDataGenerator para aplicar rotación, zoom y desplazamiento aleatorios a las imágenes.
   - El generador se ajusta al conjunto de datos de entrenamiento.
4. **Construcción del Modelo CNN con Batch Normalization:**
   - Se utiliza un modelo secuencial con capas convolucionales y de pooling.
   - Las capas convolucionales y densas están seguidas de Batch Normalization y ReLU para estabilizar y acelerar el entrenamiento.
   - Se aplican capas Dropout para regularización y reducir el sobreajuste.
5. **Entrenamiento del Modelo con Data Augmentation:**
   - El modelo se entrena utilizando el generador de data augmentation, que genera nuevas imágenes en cada época aplicando transformaciones aleatorias a las imágenes de entrenamiento.
6. **Evaluación del Modelo:**
   - Se evalúa el modelo con los datos de prueba y se imprime la precisión del modelo en el conjunto de prueba.
7. **Visualización de Resultados:**
   - Se grafican la precisión y la pérdida de entrenamiento y validación a lo largo de las épocas para visualizar el rendimiento del modelo.

Este ejercicio muestra cómo utilizar PCA para reducir la dimensionalidad de las imágenes antes de entrenar un modelo de CNN, lo cual puede ayudar a mejorar el rendimiento y reducir el tiempo de entrenamiento del modelo.

Aquí tienes otro ejercicio de clasificación de imágenes utilizando el conjunto de datos CIFAR-10, pero esta vez vamos a utilizar la técnica de Transfer Learning con el modelo preentrenado ResNet50. ResNet50 es una red residual que ha sido entrenada en el conjunto de datos ImageNet y ha demostrado ser muy eficaz en tareas de clasificación de imágenes.

Ejercicio 45: Clasificación de Imágenes con Transfer Learning usando ResNet50 y CIFAR-10

Objetivo

Entrenar un modelo de clasificación de imágenes utilizando Transfer Learning con ResNet50 para clasificar imágenes del conjunto de datos CIFAR-10.

Instrucciones

1. **Instalación de Dependencias**

    Asegúrate de tener instaladas las bibliotecas necesarias:

    ```
    pip install tensorflow numpy matplotlib
    ```

2. **Importación de Bibliotecas**

    ```
    import tensorflow as tf
    from tensorflow.keras.datasets import cifar10
    from tensorflow.keras.models import Sequential
    from tensorflow.keras.layers import Dense, Flatten, Dropout, GlobalAveragePooling2D
    ```

```python
from tensorflow.keras.applications import ResNet50
from tensorflow.keras.preprocessing.image import
ImageDataGenerator
from tensorflow.keras.utils import to_categorical
import numpy as np
import matplotlib.pyplot as plt
```

3. **Cargar y Preprocesar el Conjunto de Datos CIFAR-10**

```python
# Cargar el conjunto de datos CIFAR-10
(x_train, y_train), (x_test, y_test) =
cifar10.load_data()

# Convertir las etiquetas a one-hot encoding
y_train = to_categorical(y_train, 10)
y_test = to_categorical(y_test, 10)

# Redimensionar las imágenes a 224x224x3 (necesario
para ResNet50 que espera imágenes de 3 canales de
color)
x_train = tf.image.resize(x_train, (224, 224))
x_test = tf.image.resize(x_test, (224, 224))

# Normalizar las imágenes de 0-255 a 0-1
x_train = x_train.astype('float32') / 255
x_test = x_test.astype('float32') / 255
```

4. **Configuración de Data Augmentation**

```python
datagen = ImageDataGenerator(
    rotation_range=15,    # Rotar imágenes
aleatoriamente hasta 15 grados
    width_shift_range=0.1,# Desplazar imágenes
horizontalmente
```

```
    height_shift_range=0.1,# Desplazar imágenes verticalmente
    horizontal_flip=True  # Voltear imágenes horizontalmente
)

# Ajustar el generador al conjunto de datos de entrenamiento
datagen.fit(x_train)
```

5. Construcción del Modelo CNN con ResNet50 como Extractor de Características

```
# Cargar el modelo ResNet50 preentrenado, excluyendo las capas superiores
base_model = ResNet50(input_shape=(224, 224, 3), include_top=False, weights='imagenet')

# Congelar las capas del modelo base
base_model.trainable = False

# Construir el modelo
model = Sequential([
    base_model,  # Modelo base como extractor de características
    GlobalAveragePooling2D(),  # Pooling global para reducir la dimensionalidad
    Dense(512, activation='relu'),  # Capa densa con 512 neuronas
    Dropout(0.5),  # Dropout para regularización
    Dense(10, activation='softmax')  # Capa de salida con 10 neuronas y activación softmax
])
```

```python
# Compilar el modelo
model.compile(optimizer='adam',
              loss='categorical_crossentropy',
              metrics=['accuracy'])
```

6. Entrenamiento del Modelo con Data Augmentation

```python
# Entrenar el modelo utilizando el generador de data augmentation
history = model.fit(datagen.flow(x_train, y_train, batch_size=64),
                    epochs=20,
                    validation_data=(x_test, y_test))
```

7. Evaluación del Modelo

```python
test_loss, test_acc = model.evaluate(x_test, y_test)
print(f'Test accuracy: {test_acc:.4f}')
```

8. Visualización de Resultados

```python
# Graficar precisión de entrenamiento y validación
plt.plot(history.history['accuracy'], label='Train Accuracy')
plt.plot(history.history['val_accuracy'], label='Validation Accuracy')
plt.xlabel('Epoch')
plt.ylabel('Accuracy')
plt.legend()
plt.show()

# Graficar pérdida de entrenamiento y validación
```

```
plt.plot(history.history['loss'], label='Train
Loss')
plt.plot(history.history['val_loss'],
label='Validation Loss')
plt.xlabel('Epoch')
plt.ylabel('Loss')
plt.legend()
plt.show()
```

Resultado:

```
782/782 ——————————————————— 86s
106ms/step - accuracy: 0.5955 - loss: 1.1840 -
val_accuracy: 0.7724 - val_loss: 0.6544
Epoch 2/20
782/782 ——————————————————— 84s
107ms/step - accuracy: 0.7081 - loss: 0.8429 -
val_accuracy: 0.7760 - val_loss: 0.6518
Epoch 3/20
782/782 ——————————————————— 85s
108ms/step - accuracy: 0.7223 - loss: 0.7954 -
val_accuracy: 0.7952 - val_loss: 0.5955
Epoch 4/20
782/782 ——————————————————— 83s
106ms/step - accuracy: 0.7311 - loss: 0.7691 -
val_accuracy: 0.7962 - val_loss: 0.5991
Epoch 5/20
782/782 ——————————————————— 86s
109ms/step - accuracy: 0.7383 - loss: 0.7493 -
val_accuracy: 0.7990 - val_loss: 0.5812
Epoch 6/20
```

```
782/782 ──────────────── 87s
110ms/step - accuracy: 0.7462 - loss: 0.7370 -
val_accuracy: 0.8057 - val_loss: 0.5681
Epoch 7/20
782/782 ──────────────── 86s
110ms/step - accuracy: 0.7490 - loss: 0.7199 -
val_accuracy: 0.8065 - val_loss: 0.5658
Epoch 8/20
782/782 ──────────────── 86s
110ms/step - accuracy: 0.7536 - loss: 0.7048 -
val_accuracy: 0.8080 - val_loss: 0.5660
Epoch 9/20
782/782 ──────────────── 86s
109ms/step - accuracy: 0.7603 - loss: 0.6878 -
val_accuracy: 0.8080 - val_loss: 0.5717
Epoch 10/20
782/782 ──────────────── 85s
108ms/step - accuracy: 0.7574 - loss: 0.6879 -
val_accuracy: 0.8054 - val_loss: 0.5764
Epoch 11/20
782/782 ──────────────── 85s
109ms/step - accuracy: 0.7591 - loss: 0.6906 -
val_accuracy: 0.8102 - val_loss: 0.5693
Epoch 12/20
782/782 ──────────────── 85s
108ms/step - accuracy: 0.7599 - loss: 0.6781 -
val_accuracy: 0.8105 - val_loss: 0.5582
Epoch 13/20
782/782 ──────────────── 85s
108ms/step - accuracy: 0.7664 - loss: 0.6686 -
val_accuracy: 0.8126 - val_loss: 0.5579
Epoch 14/20
```

```
782/782 ──────────────── 86s 110ms/step - accuracy: 0.7659 - loss: 0.6711 - val_accuracy: 0.8138 - val_loss: 0.5609
Epoch 15/20
782/782 ──────────────── 85s 108ms/step - accuracy: 0.7724 - loss: 0.6563 - val_accuracy: 0.8120 - val_loss: 0.5460
Epoch 16/20
782/782 ──────────────── 85s 109ms/step - accuracy: 0.7717 - loss: 0.6485 - val_accuracy: 0.8171 - val_loss: 0.5437
Epoch 17/20
782/782 ──────────────── 84s 107ms/step - accuracy: 0.7775 - loss: 0.6287 - val_accuracy: 0.8140 - val_loss: 0.5610
Epoch 18/20
782/782 ──────────────── 85s 108ms/step - accuracy: 0.7725 - loss: 0.6399 - val_accuracy: 0.8221 - val_loss: 0.5443
Epoch 19/20
782/782 ──────────────── 86s 110ms/step - accuracy: 0.7782 - loss: 0.6334 - val_accuracy: 0.8173 - val_loss: 0.5470
Epoch 20/20
782/782 ──────────────── 86s 109ms/step - accuracy: 0.7790 - loss: 0.6328 - val_accuracy: 0.8127 - val_loss: 0.5658
313/313 ──────────────── 11s 34ms/step - accuracy: 0.8114 - loss: 0.5747
Test accuracy: 0.8127
```

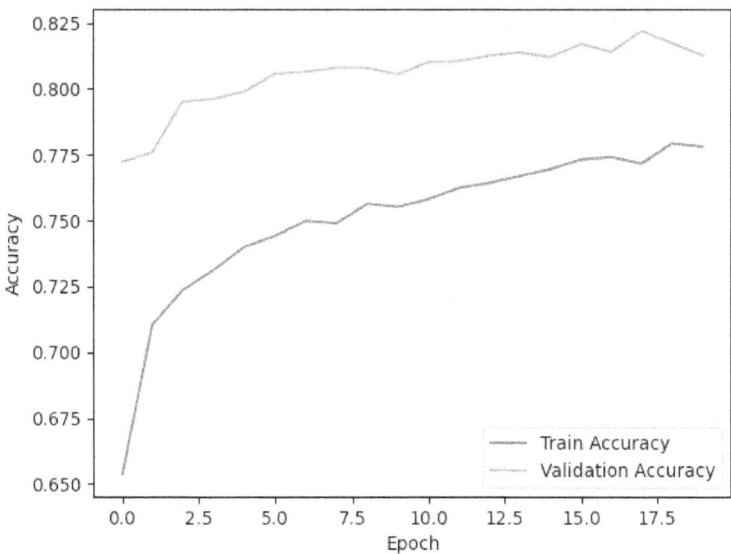

Explicación del Ejercicio

1. **Carga y Preprocesamiento de Datos:**
    - Se cargan los datos de CIFAR-10 y se redimensionan las imágenes a 224x224x3, ya que ResNet50 espera imágenes de esta dimensión y con 3 canales de color.
    - Las imágenes se normalizan para que los valores de los píxeles estén entre 0 y 1.
    - Las etiquetas se convierten a formato one-hot encoding.
2. **Configuración de Data Augmentation:**
    - Se configura el ImageDataGenerator para aplicar rotación, desplazamiento y volteo horizontal aleatorios a las imágenes.
    - El generador se ajusta al conjunto de datos de entrenamiento.
3. **Construcción del Modelo CNN con ResNet50:**

- Se carga el modelo ResNet50 preentrenado con pesos de ImageNet, excluyendo las capas superiores.
- Se congela el modelo base para evitar que sus pesos se actualicen durante el entrenamiento.
- Se construye un nuevo modelo agregando capas adicionales sobre el modelo base, incluyendo GlobalAveragePooling2D, una capa densa con activación ReLU y Dropout, y una capa de salida con activación softmax.

4. **Entrenamiento del Modelo con Data Augmentation:**
   - El modelo se entrena utilizando el generador de data augmentation, que genera nuevas imágenes en cada época aplicando transformaciones aleatorias a las imágenes de entrenamiento.

5. **Evaluación del Modelo:**
   - Se evalúa el modelo con los datos de prueba y se imprime la precisión del modelo en el conjunto de prueba.

6. **Visualización de Resultados:**
   - Se grafican la precisión y la pérdida de entrenamiento y validación a lo largo de las épocas para visualizar el rendimiento del modelo.

Este ejercicio muestra cómo utilizar Transfer Learning con un modelo preentrenado como ResNet50 para mejorar la capacidad de un modelo de reconocer imágenes, aprovechando características aprendidas previamente en un conjunto de datos más grande y diverso como ImageNet.

Aquí tienes otro ejercicio de clasificación de imágenes utilizando el conjunto de datos CIFAR-10, pero esta vez vamos a utilizar la técnica de Transfer Learning con el modelo preentrenado MobileNetV2. MobileNetV2 es una red neuronal eficiente y ligera, adecuada para dispositivos con recursos limitados.

Ejercicio 46: Clasificación de Imágenes con Transfer Learning usando MobileNetV2 y CIFAR-10

Objetivo

Entrenar un modelo de clasificación de imágenes utilizando Transfer Learning con MobileNetV2 para clasificar imágenes del conjunto de datos CIFAR-10.

Instrucciones

1. **Instalación de Dependencias**

    Asegúrate de tener instaladas las bibliotecas necesarias:

    ```
    pip install tensorflow numpy matplotlib
    ```

2. **Importación de Bibliotecas**

    ```
    import tensorflow as tf
    from tensorflow.keras.datasets import cifar10
    from tensorflow.keras.models import Sequential
    from tensorflow.keras.layers import Dense, Flatten, Dropout, GlobalAveragePooling2D
    ```

```
from tensorflow.keras.applications import
MobileNetV2
from tensorflow.keras.preprocessing.image import
ImageDataGenerator
from tensorflow.keras.utils import to_categorical
import numpy as np
import matplotlib.pyplot as plt
```

3. **Cargar y Preprocesar el Conjunto de Datos CIFAR-10**

```
# Cargar el conjunto de datos CIFAR-10
(x_train, y_train), (x_test, y_test) =
cifar10.load_data()

# Convertir las etiquetas a one-hot encoding
y_train = to_categorical(y_train, 10)
y_test = to_categorical(y_test, 10)

# Redimensionar las imágenes a 96x96x3 (necesario
para MobileNetV2 que espera imágenes de 3 canales de
color)
x_train = tf.image.resize(x_train, (96, 96))
x_test = tf.image.resize(x_test, (96, 96))

# Normalizar las imágenes de 0-255 a 0-1
x_train = x_train.astype('float32') / 255
x_test = x_test.astype('float32') / 255
```

4. **Configuración de Data Augmentation**

```
datagen = ImageDataGenerator(
    rotation_range=15,    # Rotar imágenes
aleatoriamente hasta 15 grados
```

```
    width_shift_range=0.1,# Desplazar imágenes
horizontalmente
    height_shift_range=0.1,# Desplazar imágenes
verticalmente
    horizontal_flip=True  # Voltear imágenes
horizontalmente
)

# Ajustar el generador al conjunto de datos de
entrenamiento
datagen.fit(x_train)
```

5. **Construcción del Modelo CNN con MobileNetV2 como Extractor de Características**

```
# Cargar el modelo MobileNetV2 preentrenado,
excluyendo las capas superiores
base_model = MobileNetV2(input_shape=(96, 96, 3),
include_top=False, weights='imagenet')

# Congelar las capas del modelo base
base_model.trainable = False

# Construir el modelo
model = Sequential([
    base_model,  # Modelo base como extractor de
características
    GlobalAveragePooling2D(),  # Pooling global para
reducir la dimensionalidad
    Dense(512, activation='relu'),  # Capa densa con
512 neuronas
    Dropout(0.5),  # Dropout para regularización
```

```python
    Dense(10, activation='softmax')  # Capa de salida con 10 neuronas y activación softmax
])

# Compilar el modelo
model.compile(optimizer='adam',
              loss='categorical_crossentropy',
              metrics=['accuracy'])
```

6. **Entrenamiento del Modelo con Data Augmentation**

```python
# Entrenar el modelo utilizando el generador de data augmentation
history = model.fit(datagen.flow(x_train, y_train, batch_size=64),
                    epochs=20,
                    validation_data=(x_test, y_test))
```

7. **Evaluación del Modelo**

```python
test_loss, test_acc = model.evaluate(x_test, y_test)
print(f'Test accuracy: {test_acc:.4f}')
```

8. **Visualización de Resultados**

```python
# Graficar precisión de entrenamiento y validación
plt.plot(history.history['accuracy'], label='Train Accuracy')
plt.plot(history.history['val_accuracy'], label='Validation Accuracy')
plt.xlabel('Epoch')
plt.ylabel('Accuracy')
```

```
plt.legend()
plt.show()

# Graficar pérdida de entrenamiento y validación
plt.plot(history.history['loss'], label='Train
Loss')
plt.plot(history.history['val_loss'],
label='Validation Loss')
plt.xlabel('Epoch')
plt.ylabel('Loss')
plt.legend()
plt.show()
```

Explicación del Ejercicio

1. **Carga y Preprocesamiento de Datos:**
   - Se cargan los datos de CIFAR-10 y se redimensionan las imágenes a 96x96x3, ya que MobileNetV2 espera imágenes de esta dimensión y con 3 canales de color.
   - Las imágenes se normalizan para que los valores de los píxeles estén entre 0 y 1.
   - Las etiquetas se convierten a formato one-hot encoding.

2. **Configuración de Data Augmentation:**
   - Se configura el ImageDataGenerator para aplicar rotación, desplazamiento y volteo horizontal aleatorios a las imágenes.
   - El generador se ajusta al conjunto de datos de entrenamiento.

3. **Construcción del Modelo CNN con MobileNetV2:**
   - Se carga el modelo MobileNetV2 preentrenado con pesos de ImageNet, excluyendo las capas superiores.

- Se congela el modelo base para evitar que sus pesos se actualicen durante el entrenamiento.
- Se construye un nuevo modelo agregando capas adicionales sobre el modelo base, incluyendo GlobalAveragePooling2D, una capa densa con activación ReLU y Dropout, y una capa de salida con activación softmax.

4. **Entrenamiento del Modelo con Data Augmentation:**
   - El modelo se entrena utilizando el generador de data augmentation, que genera nuevas imágenes en cada época aplicando transformaciones aleatorias a las imágenes de entrenamiento.

5. **Evaluación del Modelo:**
   - Se evalúa el modelo con los datos de prueba y se imprime la precisión del modelo en el conjunto de prueba.

6. **Visualización de Resultados:**
   - Se grafican la precisión y la pérdida de entrenamiento y validación a lo largo de las épocas para visualizar el rendimiento del modelo.

Este ejercicio muestra cómo utilizar Transfer Learning con un modelo preentrenado como MobileNetV2 para mejorar la capacidad de un modelo de reconocer imágenes, aprovechando características aprendidas previamente en un conjunto de datos más grande y diverso como ImageNet.

Aquí tienes otro ejercicio de clasificación de imágenes utilizando el conjunto de datos CIFAR-10, pero esta vez utilizaremos el modelo preentrenado InceptionV3. InceptionV3 es un modelo más avanzado y profundo que ha demostrado ser muy efectivo en tareas de clasificación de imágenes.

Ejercicio 47: Clasificación de Imágenes con Transfer Learning usando InceptionV3 y CIFAR-10

Objetivo

Entrenar un modelo de clasificación de imágenes utilizando Transfer Learning con InceptionV3 para clasificar imágenes del conjunto de datos CIFAR-10.

Instrucciones

1. **Instalación de Dependencias**

    Asegúrate de tener instaladas las bibliotecas necesarias:

    ```
    pip install tensorflow numpy matplotlib
    ```

2. **Importación de Bibliotecas**

    ```
    import tensorflow as tf
    from tensorflow.keras.datasets import cifar10
    from tensorflow.keras.models import Sequential
    from tensorflow.keras.layers import Dense, Dropout, GlobalAveragePooling2D
    from tensorflow.keras.applications import InceptionV3
    ```

```python
from tensorflow.keras.preprocessing.image import ImageDataGenerator
from tensorflow.keras.utils import to_categorical
import matplotlib.pyplot as plt
```

3. Cargar y Preprocesar el Conjunto de Datos CIFAR-10

```python
# Cargar el conjunto de datos CIFAR-10
(x_train, y_train), (x_test, y_test) = cifar10.load_data()

# Convertir las etiquetas a one-hot encoding
y_train = to_categorical(y_train, 10)
y_test = to_categorical(y_test, 10)

# Redimensionar las imágenes a 139x139x3 (necesario para InceptionV3 que espera imágenes de 3 canales de color)
x_train = tf.image.resize(x_train, (139, 139))
x_test = tf.image.resize(x_test, (139, 139))

# Normalizar las imágenes de 0-255 a 0-1
x_train = x_train.astype('float32') / 255
x_test = x_test.astype('float32') / 255
```

4. Configuración de Data Augmentation

```python
datagen = ImageDataGenerator(
    rotation_range=15,    # Rotar imágenes aleatoriamente hasta 15 grados
    width_shift_range=0.1,# Desplazar imágenes horizontalmente
```

```
        height_shift_range=0.1,# Desplazar imágenes
verticalmente
        horizontal_flip=True  # Voltear imágenes
horizontalmente
)

# Ajustar el generador al conjunto de datos de
entrenamiento
datagen.fit(x_train)
```

5. Construcción del Modelo CNN con InceptionV3 como Extractor de Características

```
# Cargar el modelo InceptionV3 preentrenado,
excluyendo las capas superiores
base_model = InceptionV3(input_shape=(139, 139, 3),
include_top=False, weights='imagenet')

# Congelar las capas del modelo base
base_model.trainable = False

# Construir el modelo
model = Sequential([
    base_model,  # Modelo base como extractor de
características
    GlobalAveragePooling2D(),  # Pooling global para
reducir la dimensionalidad
    Dense(512, activation='relu'),  # Capa densa con
512 neuronas
    Dropout(0.5),  # Dropout para regularización
    Dense(10, activation='softmax')  # Capa de
salida con 10 neuronas y activación softmax
])
```

```python
# Compilar el modelo
model.compile(optimizer='adam',
              loss='categorical_crossentropy',
              metrics=['accuracy'])
```

6. **Entrenamiento del Modelo con Data Augmentation**

```python
# Entrenar el modelo utilizando el generador de data augmentation
history = model.fit(datagen.flow(x_train, y_train, batch_size=64),
                    epochs=20,
                    validation_data=(x_test, y_test))
```

7. **Evaluación del Modelo**

```python
test_loss, test_acc = model.evaluate(x_test, y_test)
print(f'Test accuracy: {test_acc:.4f}')
```

8. **Visualización de Resultados**

```python
# Graficar precisión de entrenamiento y validación
plt.plot(history.history['accuracy'], label='Train Accuracy')
plt.plot(history.history['val_accuracy'], label='Validation Accuracy')
plt.xlabel('Epoch')
plt.ylabel('Accuracy')
plt.legend()
plt.show()
```

```
# Graficar pérdida de entrenamiento y validación
plt.plot(history.history['loss'], label='Train 
Loss')
plt.plot(history.history['val_loss'], 
label='Validation Loss')
plt.xlabel('Epoch')
plt.ylabel('Loss')
plt.legend()
plt.show()
```

Explicación del Ejercicio

1. **Carga y Preprocesamiento de Datos:**

    - Se cargan los datos de CIFAR-10 y se redimensionan las imágenes a 139x139x3, ya que InceptionV3 espera imágenes de esta dimensión y con 3 canales de color.
    - Las imágenes se normalizan para que los valores de los píxeles estén entre 0 y 1.
    - Las etiquetas se convierten a formato one-hot encoding.

2. **Configuración de Data Augmentation:**

    - Se configura el ImageDataGenerator para aplicar rotación, desplazamiento y volteo horizontal aleatorios a las imágenes.
    - El generador se ajusta al conjunto de datos de entrenamiento.

3. **Construcción del Modelo CNN con InceptionV3:**

    o Se carga el modelo InceptionV3 preentrenado con pesos de ImageNet, excluyendo las capas superiores.
    o Se congela el modelo base para evitar que sus pesos se actualicen durante el entrenamiento.
    o Se construye un nuevo modelo agregando capas adicionales sobre el modelo base, incluyendo GlobalAveragePooling2D, una capa densa con activación ReLU y Dropout, y una capa de salida con activación softmax.

4. **Entrenamiento del Modelo con Data Augmentation:**

    o El modelo se entrena utilizando el generador de data augmentation, que genera nuevas imágenes en cada época aplicando transformaciones aleatorias a las imágenes de entrenamiento.

5. **Evaluación del Modelo:**

    o Se evalúa el modelo con los datos de prueba y se imprime la precisión del modelo en el conjunto de prueba.

6. **Visualización de Resultados:**

- Se grafican la precisión y la pérdida de entrenamiento y validación a lo largo de las épocas para visualizar el rendimiento del modelo.

Este ejercicio muestra cómo utilizar Transfer Learning con un modelo preentrenado como InceptionV3 para mejorar la capacidad de un modelo de reconocer imágenes, aprovechando características aprendidas previamente en un conjunto de datos más grande y diverso como ImageNet.

Aquí tienes otro ejercicio de clasificación de imágenes utilizando el conjunto de datos CIFAR-10, pero esta vez utilizaremos el modelo preentrenado EfficientNetB0. EfficientNet es una familia de modelos de clasificación de imágenes que logra un equilibrio entre precisión y eficiencia computacional.

Ejercicio 48: Clasificación de Imágenes con Transfer Learning usando EfficientNetB0 y CIFAR-10

Objetivo

Entrenar un modelo de clasificación de imágenes utilizando Transfer Learning con EfficientNetB0 para clasificar imágenes del conjunto de datos CIFAR-10.

Instrucciones

1. **Instalación de Dependencias**

   Asegúrate de tener instaladas las bibliotecas necesarias:

   ```
   pip install tensorflow numpy matplotlib
   ```

2. **Importación de Bibliotecas**

   ```
   import tensorflow as tf
   from tensorflow.keras.datasets import cifar10
   from tensorflow.keras.models import Sequential
   from tensorflow.keras.layers import Dense, Dropout, GlobalAveragePooling2D
   ```

```python
from tensorflow.keras.applications import EfficientNetB0
from tensorflow.keras.preprocessing.image import ImageDataGenerator
from tensorflow.keras.utils import to_categorical
import matplotlib.pyplot as plt
```

3. **Cargar y Preprocesar el Conjunto de Datos CIFAR-10**

```python
# Cargar el conjunto de datos CIFAR-10
(x_train, y_train), (x_test, y_test) = cifar10.load_data()

# Convertir las etiquetas a one-hot encoding
y_train = to_categorical(y_train, 10)
y_test = to_categorical(y_test, 10)

# Redimensionar las imágenes a 224x224x3 (necesario
para EfficientNetB0 que espera imágenes de 3 canales
de color)
x_train = tf.image.resize(x_train, (224, 224))
x_test = tf.image.resize(x_test, (224, 224))

# Normalizar las imágenes de 0-255 a 0-1
x_train = x_train.astype('float32') / 255
x_test = x_test.astype('float32') / 255
```

4. **Configuración de Data Augmentation**

```python
datagen = ImageDataGenerator(
    rotation_range=15,    # Rotar imágenes aleatoriamente hasta 15 grados
    width_shift_range=0.1,# Desplazar imágenes horizontalmente
```

```python
    height_shift_range=0.1,# Desplazar imágenes verticalmente
    horizontal_flip=True  # Voltear imágenes horizontalmente
)

# Ajustar el generador al conjunto de datos de entrenamiento
datagen.fit(x_train)
```

5. Construcción del Modelo CNN con EfficientNetB0 como Extractor de Características

```python
# Cargar el modelo EfficientNetB0 preentrenado, excluyendo las capas superiores
base_model = EfficientNetB0(input_shape=(224, 224, 3), include_top=False, weights='imagenet')

# Congelar las capas del modelo base
base_model.trainable = False

# Construir el modelo
model = Sequential([
    base_model,  # Modelo base como extractor de características
    GlobalAveragePooling2D(),  # Pooling global para reducir la dimensionalidad
    Dense(512, activation='relu'),  # Capa densa con 512 neuronas
    Dropout(0.5),  # Dropout para regularización
    Dense(10, activation='softmax')  # Capa de salida con 10 neuronas y activación softmax
])
```

```python
# Compilar el modelo
model.compile(optimizer='adam',
              loss='categorical_crossentropy',
              metrics=['accuracy'])
```

6. Entrenamiento del Modelo con Data Augmentation

```python
# Entrenar el modelo utilizando el generador de data augmentation
history = model.fit(datagen.flow(x_train, y_train, batch_size=64),
                    epochs=20,
                    validation_data=(x_test, y_test))
```

7. Evaluación del Modelo

```python
test_loss, test_acc = model.evaluate(x_test, y_test)
print(f'Test accuracy: {test_acc:.4f}')
```

8. Visualización de Resultados

```python
# Graficar precisión de entrenamiento y validación
plt.plot(history.history['accuracy'], label='Train Accuracy')
plt.plot(history.history['val_accuracy'], label='Validation Accuracy')
plt.xlabel('Epoch')
plt.ylabel('Accuracy')
plt.legend()
plt.show()
```

```
# Graficar pérdida de entrenamiento y validación
plt.plot(history.history['loss'], label='Train
Loss')
plt.plot(history.history['val_loss'],
label='Validation Loss')
plt.xlabel('Epoch')
plt.ylabel('Loss')
plt.legend()
plt.show()
```

Explicación del Ejercicio

6. **Carga y Preprocesamiento de Datos:**

    - Se cargan los datos de CIFAR-10 y se redimensionan las imágenes a 224x224x3, ya que EfficientNetB0 espera imágenes de esta dimensión y con 3 canales de color.
    - Las imágenes se normalizan para que los valores de los píxeles estén entre 0 y 1.
    - Las etiquetas se convierten a formato one-hot encoding.

5. **Configuración de Data Augmentation:**

    - Se configura el ImageDataGenerator para aplicar rotación, desplazamiento y volteo horizontal aleatorios a las imágenes.
    - El generador se ajusta al conjunto de datos de entrenamiento.

6. **Construcción del Modelo CNN con EfficientNetB0:**

- Se carga el modelo EfficientNetB0 preentrenado con pesos de ImageNet, excluyendo las capas superiores.
- Se congela el modelo base para evitar que sus pesos se actualicen durante el entrenamiento.
- Se construye un nuevo modelo agregando capas adicionales sobre el modelo base, incluyendo GlobalAveragePooling2D, una capa densa con activación ReLU y Dropout, y una capa de salida con activación softmax.

7. **Entrenamiento del Modelo con Data Augmentation:**

    - El modelo se entrena utilizando el generador de data augmentation, que genera nuevas imágenes en cada época aplicando transformaciones aleatorias a las imágenes de entrenamiento.

8. **Evaluación del Modelo:**

    - Se evalúa el modelo con los datos de prueba y se imprime la precisión del modelo en el conjunto de prueba.

9. **Visualización de Resultados:**

    - Se grafican la precisión y la pérdida de entrenamiento y validación a lo largo de las épocas para visualizar el rendimiento del modelo.

Este ejercicio muestra cómo utilizar Transfer Learning con un modelo preentrenado como EfficientNetB0 para mejorar la capacidad de un modelo de reconocer imágenes, aprovechando características aprendidas previamente en un conjunto de datos más grande y diverso como ImageNet.

www.ingramcontent.com/pod-product-compliance
Lightning Source LLC
Chambersburg PA
CBHW082232220526
45479CB00005B/1206